Die dazugehörigen Karten befinden

sich in der Kartensammlung !!!

capio lumen

1790

AFRIKA-KARTENWERK

Herausgegeben im Auftrage der Deutschen Forschungsgemeinschaft
Edited on behalf of the German Research Society
Edité au nom de l'Association Allemande de la Recherche Scientifique
von / by / par Ulrich Freitag, Kurt Kayser, Walther Manshard,
Horst Mensching, Ludwig Schätzl, Joachim H. Schultze †

Redakteure, Assistant Editors, Editeurs adjoints: Gerd J. Bruschek, Dietrich O. Müller

Serie, Series, Série N
Nordafrika (Tunesien, Algerien)
North Africa (Tunisia, Algeria)
Afrique du Nord (Tunisie, Algérie)
Obmann, Chairman, Directeur: Horst Mensching

Serie, Series, Série W
Westafrika (Nigeria, Kamerun)
West Africa (Nigeria, Cameroon)
Afrique occidentale (Nigéria, Cameroun)
Obmänner, Chairmen, Directeurs: Ulrich Freitag, Walther Manshard

Serie, Series, Série E
Ostafrika (Kenya, Uganda, Tanzania)
East Africa (Kenya, Uganda, Tanzania)
Afrique orientale (Kenya, Ouganda, Tanzanie)
Obmänner, Chairmen, Directeurs: Ludwig Schätzl, Joachim H. Schultze †

Serie, Series, Série S
Südafrika (Moçambique, Swaziland, Republik Südafrika)
South Africa (Mozambique, Swaziland, Republic of South Africa)
África do Sul (Moçambique, Suazilândia, República da África do Sul)
Obmann, Chairman, Director: Kurt Kayser

GEBRÜDER BORNTRAEGER · BERLIN · STUTTGART

AFRIKA-KARTENWERK

Serie N: Beiheft zu Blatt 12
Series N: Monograph to Sheet 12
Série N: Monographie accompagnant la feuille 12

N 12

Redakteur, Assistant Editor, Editeur adjoint: Gerd J. Bruschek

Adolf Arnold

Wirtschaftsgeographie — Nordafrika
(Tunesien, Algerien) 32° — 37° 30′ N, 6° — 12° E

Economic Geography — North Africa (Tunisia, Algeria)
Géographie économique — Afrique du Nord (Tunisie, Algérie)

Bergbau, Verarbeitende Industrien, Handwerk, Fischerei, Energie, Fremdenverkehr

Mit 23 Figuren und 14 Tabellen sowie Summary und Résumé

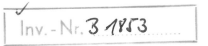
1980

GEBRÜDER BORNTRAEGER · BERLIN · STUTTGART

Für den Inhalt der Karte und des Beiheftes ist der Autor verantwortlich.

Gedruckt im Auftrage und mit Unterstützung der Deutschen Forschungsgemeinschaft
sowie mit Unterstützung (Übersetzungskosten) durch das Bundesministerium für
Wirtschaftliche Zusammenarbeit (BMZ).

Umschlagentwurf: G. J. Bruschek, D. O. Müller
Satz und Druck: H. Heenemann GmbH & Co, D-1000 Berlin 42 — Printed in Germany

ISBN 3 443 28306 3

Inhalt

Verzeichnis der Figuren

Verzeichnis der Tabellen

Contents

List of Figures

List of Tables

Table des matières

Table des figures

Table des tableaux

Verzeichnis der Abkürzungen

Allgemeine Abkürzungen

AK	Arbeitskräfte
BIP	Bruttoinlandsprodukt
DA	Dinar Algérien
DT	Dinar Tunisien
E.	Einwohner
I. S. E. A. — A. N.	Institut de Science Economique Appliquée — Afrique du Nord
I. S. I. C.	International Standard Industrial Classification of all Economic Activities
Jh.	Jahrhundert
KV	Kilovolt
KWh	Kilowattstunde
Mio.	Million
Mrd.	Milliarde
MW	Megawatt
W	Watt

Abkürzungen von Behörden und Firmen

Algerien

APS	Algérie Presse Service
FLN	Front de Libération Nationale
RADP	République Algérienne Démocratique et Populaire
SEMPAC	Semouleries, Pâtes Alimentaires et Couscous
SNMC	Société Nationale des Matériaux de Construction
SNS	Société Nationale de Sidérurgie
SONIC	Société Nationale des Industries de la Cellulose
SONATRACH	Société Nationale de Transport et Commercialisation des Hydrocarbures
SONITEX	Société Nationale des Industries Textiles

Tunesien

BCT	Banque Centrale de Tunisie
ONAT	Office National de l'Artisanat de Tunisie
ONP	Office National des Pêches
ONTT	Office National du Tourisme Tunisien
SCET	Société Centrale d'Équipement du Territoire
SEPEN	Secrétariat d'État au Plan et aux Finances
SHTT	Société Hôtelière et Touristique de Tunisie
SIAPE	Société Industrielle d'Acide Phosphorique et d'Engrais
SOGITEX	Société Générale des Industries Textiles
STB	Société Tunisienne de Banque
STIA	Société Tunisienne des Industries Automobiles

1 Einleitung

1.1 Zielsetzung

Das Blatt N 12 „Wirtschaftsgeographie" der Serie N des AFRIKA-KARTENWERKS stellt die gewerbliche Wirtschaft Tunesiens und Ostalgeriens dar. Dabei wurden die Wirtschaftssektoren Bergbau, Verarbeitende Industrien, Handwerk von überörtlicher Bedeutung, Fischerei, Energiewirtschaft und Fremdenverkehr bearbeitet. Die Karte war im Mai 1971 im Endentwurf fertiggestellt, sie erfaßt den Zustand für den Zeitraum 1968—1971. Die Geländearbeiten wurden im Verlauf von 3 Reisen, für deren Finanzierung ich der DFG sehr zu Dank verpflichtet bin, in den Jahren 1968, 1969 und 1970 durchgeführt.

Die unterschiedliche Quellenlage für die beiden Maghrebstaaten gestattet kein einheitliches Stichjahr. Die Industriedarstellung basiert für Tunesien auf Zahlen von 1968, für Algerien auf solchen von 1969. In die Wiedergabe der Energiewirtschaft sind noch Informationen bis einschließlich 1971 eingearbeitet worden. Die Karte spiegelt auf dem tunesischen Blattanteil die für das Land so wichtigen Industrialisierungsbemühungen der sechziger Jahre wider, ebenfalls kristallisieren sich die Hauptstandorte des Fremdenverkehrs heraus. Dagegen konnte die Industrialisierung in Algerien, die ab 1967 mit einer für Entwicklungsländer erstaunlichen Dynamik einsetzte, lediglich in ihrer Anlaufphase erfaßt werden. Im vorliegenden Erläuterungsband wird jedoch die wirtschaftsgeographische Entwicklung des östlichen Maghreb noch über den Aufnahmestand der Karte nachgetragen.

In *Kapitel 2* wird ein summarischer Überblick über die kolonialzeitliche und postkoloniale Genese der nichtagraren Wirtschaft im östlichen Maghreb gegeben. Der kolonialzeitliche Entwicklungsgang der Wirtschaft zeichnet für ihre sektorale Gliederung, deren Disproportionen, besonders aber auch für das unausgewogene Raumgefüge der Standorte verantwortlich.

In *Kapitel 3* werden die einzelnen Wirtschaftszweige analysiert. Neben der genetischen Betrachtung der einzelnen Branchen steht die Diskussion ihrer Verbreitungsmuster und ihres ungleichmäßigen sektoralen Entwicklungsstandes. Während die Lebensmittelindustrie von der Kolonialzeit her bereits breit aufgefächert ist und auf Teilgebieten sogar Überkapazitäten bestehen, sind Schlüsselindustrien wie Metallverarbeitung und Chemie noch schwach entwickelt. Horizontale und vertikale Verflechtungen sind noch sehr unvollkommen ausgebildet, der Interdependenzgrad ist relativ gering.

1.2 Lage und Einordnung des Untersuchungsgebietes

Die Grenzen des Untersuchungsgebietes waren durch den Blattschnitt der Serie N „Nordafrika" des AFRIKA-KARTENWERKS vorgegeben. Grundlage dieser Kartenserie sind die Blätter Tunis (NJ 32) und Sfax (NI 32) der Internationalen Weltkarte (IWK) im Maßstab 1 : 1 000 000. Dabei umfaßt der tunesische Blattanteil nahezu das gesamte wirtschaftliche nutzbare Staatsgebiet des Landes. Außerhalb der Bearbeitungsgrenzen blieb nur der äußerste vollaride Süden, der allerdings die wichtige Erdöl- und Erdgaslagerstätte von El Borma enthält.

Der algerische Blattanteil erfaßt die wichtigsten Bergbaustandorte des Landes, wenn man von den Erdöl- und Erdgaslagerstätten absieht, die außerhalb der Bearbeitungsgrenzen liegen. Der aus der Kolonialzeit ererbte Industriebesatz ist unterdurchschnittlich, dafür bildet das Städtedreieck Annaba — Constantine — Skikda einen Schwerpunkt der postkolonialen Industrialisierung.

Die Untersuchung von Teilen zweier verschiedener Staatsgebiete mit unterschiedlicher postkolonialer Ausgangssituation ist bei einer wirtschaftsgeographischen Karte mit besonderen Schwierigkeiten verbunden. Schon die Beschaffung gleichwertigen statistischen Materials vom gleichen Zeitpunkt war nicht immer möglich. Der unbedeutende libysche Blattanteil wurde, wie bei allen Blättern der Serie, nicht bearbeitet.

Der Blattschnitt der Karte Nordafrika wurde so gewählt, daß der geographische Wandel vom mediterran-humiden Norden zum saharisch-ariden Süden erfaßt wurde (MENSCHING 1968 a, S. 16). Nach der klassischen Viergliederung des Maghreb umfaßt die Karte Anteile vom semihumiden Küstentell mitsamt den eingeschalteten Küstenebenen, vom semiariden Steppenhochland, vom semiariden Sahararand und von der vollariden Wüstenzone. Auf eine nähere landschaftsökologische Differenzierung wird hier verzichtet, es sei auf die ausführlichen länderkundlichen Werke von MENSCHING (1968 b), DESPOIS (1964 und 1966) und DESPOIS & RAYNAL (1967) verwiesen. Auch kann das Verteilungsmuster der Bergbau- und Industriestandorte keineswegs direkt mit der naturräumlichen Gliederung korreliert werden. Da aber die klimatische Differenzierung die Möglichkeiten der agrarischen Nutzung und damit die Bevölkerungsverteilung der vorindustriellen Gesellschaft vorgibt, werden indirekt, über die Standortfaktoren Arbeitskraft und Absatzmarkt, auch die Möglichkeiten der Industrialisierung beeinflußt. Schließlich muß mit Nachdruck darauf hingewiesen werden, daß in semiariden und ariden Gebieten die Ansiedlung bestimmter Industriezweige allein wegen des Grenzfaktors Wasser auf größte Schwierigkeiten stößt.

Unter den heutigen Produktionsverhältnissen ist die Litoralzone als Standort der nichtagraren wirtschaftlichen Aktivitäten begünstigt. Aus der Interferenz des peripher-zentralen mit dem meridionalen Wandel ergibt sich eine Optimierung des nordöstlichen Küstenbereichs um Tunis und eine klare Benachteiligung des südwestlichen Blattviertels, wo sich Handwerk, Industrie und Fremdenverkehr auf wenige isolierte Oasenstandorte inmitten der Sahara beschränken.

1.3 Probleme der kartographischen Darstellung

Die kartographische Gestaltung des Blattes N 12 „Wirtschaftsgeographie" des AFRIKA-KARTENWERKS wurde in mehreren Koordinationsbesprechungen für alle 4 Blätter einheitlich festgelegt. Grundsätzlich sollten die Beschäftigtenziffern als Bewertungskriterium für die qualitative und quantitative Differenzierung der einzelnen Standorte gewählt werden. Für den Bergbau, die verarbeitenden Industrien und das Baugewerbe liegen aus Algerien und Tunesien recht zuverlässige Ziffern vor, beim Handwerk ist man auf Schätzungen angewiesen. Die in vielen Branchen recht zahlreichen Saisonarbeiter wurden generell mit 50 % einer Vollarbeitskraft in die Karte aufgenommen. Produktionswert und Produktivität dieser Branchen konnten nicht berücksichtigt werden, daher erscheinen Beschäftigte aus den verschiedenen Industriezweigen mit sehr unterschiedlicher Produktivität mit dem gleichen Wert. Dem Verfasser ist diese Problematik, die in einem Entwicklungsland mit dem bekannten Dualismus von archaischen Produktionsweisen und modernster Technologie besonders gravierend ist, wohl bewußt. Eine Aufnahme von Produktionswerten in die Karte scheiterte aber an der Unmöglichkeit, für jeden Einzelstandort detaillierte, genau lokalisierbare Daten zu erhalten.

Vom Prinzip der Differenzierung nach Beschäftigtenziffern mußte bei der Darstellung von Fischerei, Elektrizitätswirtschaft und Fremdenverkehr abgegangen werden. Für die Fischerei liegen nur sehr vage Beschäftigtenziffern vor, die Übergänge zwischen hauptberuflichen und Gelegenheitsfischern sind allzu fließend. Dafür bieten sich die in den einzelnen Häfen erfaßten Fangmengen als recht exaktes Bewertungskriterium an. Bei der Elektrizitätswirtschaft ist die Darstellung von Beschäftigten unergiebig, die installierte Kapazität bietet ein sinnvolleres und leicht greifbares Bewertungskriterium. Der Fremdenverkehr sollte ursprünglich durch die Übernachtungszahlen ausgedrückt werden. Es zeigte sich aber, daß die Ziffern starken Schwankungen von Jahr zu Jahr unterworfen sind. Mit der Darstellung der Beherbergungskapazität durch die Zahl der verfügbaren Betten wurde ein exakt erfaßtes und zudem mit größerer Konstanz versehenes Kriterium gewählt.

Wie jede Karte, stellt auch die Karte N 12 „Wirtschaftsgeographie" eine Summe von Kompromissen dar.

2 Überblick über die wirtschaftliche Entwicklung

2.1 Die Kolonialzeit

Die europäische Kolonisation des 19. und 20. Jahrhunderts hat die Wirtschaft im Bereich der Karte N 12 so nachhaltig überformt, daß die kolonialzeitlichen Strukturen noch auf unabsehbare Zeit sichtbar sein werden. Ein Rückblick auf die in die Kolonialzeit zurückreichenden Entwicklungslinien erscheint daher angebracht.

Als erstes Maghrebland wurde Algerien ab 1830 von französischen Truppen besetzt. Die Unterwerfung Ostalgeriens erforderte etwa 20 Jahre, mit der Besetzung von Batna (1844) und Tébessa (1851) war das Land bis zur Grenze der Sahara dem französischen Herrschaftsbereich einverleibt. Tunesien wurde 1881 dem französischen Kolonialreich einverleibt. Während aber Algerien annektiert und bereits 1848 von der 2. Republik zur „partie intégrante du territoire français" erklärt wurde, erhielt die Herrschaft über Tunesien aus außenpolitischen Gründen die völkerrechtliche Form eines Protektorats. In der Praxis wurde auch Tunesien wie eine Kolonie behandelt, in den außenwirtschaftlichen Beziehungen zur Metropole lassen sich jedoch im Vergleich zu Algerien gewisse Unterschiede feststellen. Auch wurde dank dieser staatsrechtlichen Konstruktion die tunesische Sozialstruktur weit weniger deformiert. Die Ziele der französischen Kolonialpolitik waren seit dem 19. Jahrhundert mehrfachen Wandlungen unterworfen, sie reflektierten bis zu einem gewissen Grade die Entwicklung der französischen Gesellschaft. Während des gesamten Zeitraums der Kolonialherrschaft diente der Besitz der Maghrebländer dem politischen und militärischen Großmachtstreben Frankreichs. Unter ökonomischem

Aspekt wurden sie zunächst fast ausschließlich als Objekt der Agrarkolonisation angesehen. Bereits um 1840 setzte in Algerien die Agrarkolonisation ein, anfangs auf der Basis bäuerlicher Familienbetriebe, seit dem 2. Kaiserreich auch mit großen Kapitalgesellschaften als Träger. Ihren Höhepunkt erreichte die offizielle Kolonisation nach der Niederlage von 1870/71 in der Dritten Republik. Sie bezweckte eine flächenhafte Aufsiedlung durch europäische Kolonisten, ein neues Siedlungsnetz mit Hunderten von Kolonialdörfern und -städten wurde angelegt.

Nach der Errichtung des Protektorats über Tunesien setzte auch dort die Agrarkolonisation ein. Sie unterschied sich von der älteren algerischen vor allem dadurch, daß von vornherein der Großbetrieb bevorzugt wurde. In ihrem Gefolge wurden auch nur relativ wenige neue Siedlungen angelegt.

Mit der Industrialisierung Europas wurde gegen Ende des 19. Jahrhunderts auch die Bedeutung der nordafrikanischen Kolonien für die französische Industrie erkannt. In den Jahren zwischen 1890 und 1914 erfolgte die erste bergbauliche Erschließung des östlichen Maghreb, als unter Einsatz großer Kapitalien die Ausbeute der Buntmetall-, Eisenerz- und Phosphatlagerstätten einsetzte.

Die wirtschaftlichen Schwierigkeiten, die Frankreich im Gefolge der beiden Weltkriege erfuhr, führten zu einem verstärkten Rückgriff auf die — echten oder vermeintlichen — Ressourcen des Kolonialreiches. So wurde in den zwanziger Jahren die Förderung von Phosphaten und Eisenerz im Maghreb beträchtlich gesteigert, während nach dem 2. Weltkrieg die bergbauliche Exploration auf die Sahara ausgeweitet wurde, was bekanntlich 1956 zur Entdeckung der Erdöl- und Erdgasvorräte führte.

Seit dem Ende des 19. Jahrhunderts schuf sich Frankreich aus einem heterogenen Herrschaftsbereich ein geschlossenes Wirtschaftsgebiet, das nach außen durch Schutzzölle abgeschlossen war und der französischen Industrie ein von der Konkurrenz ungestörtes Absatzgebiet bot. Die Eingliederung Algeriens und Tunesiens in dieses Wirtschaftsgebiet vollzog sich in Etappen. Die Zollschranken zwischen Algerien und Frankreich waren bereits durch Gesetze von 1851 und 1867 beseitigt worden (AGERON 1969, S. 25, 28), was zur Folge hatte, daß das algerische Handwerk bald der Konkurrenz der billigen französischen Industrieprodukte erlag. Tunesien behielt nominell seine Zollhoheit, doch wurden die Zölle zwischen Protektorat und Metropole seit dem Ende des 19. Jahrhunderts schrittweise abgebaut; ein 1928 geschlossenes Abkommen brachte beide Länder einer Zollunion sehr nahe (GUERNIER 1948, S. 319—322; KASSAB 1976, S. 191).

Die protektionistischen Maßnahmen bewirkten vor allem eine einseitige Ausrichtung des Außenhandels der beiden Maghrebländer auf die Metropole. Frankreich nahm in den Jahren 1931—1939 rund 65 % der tunesischen Exporte auf und lieferte 72 % der Importgüter (LEPIDI 1955, S. 78). Der Außenhandel Algeriens spielte sich sogar zu 80—85 % mit der Metropole ab; das Land hatte sich seit der Weltwirtschaftskrise der dreißiger Jahre zum wichtigsten Kunden und zweitgrößten Abnehmer Frankreichs entwickelt (OHNECK 1967, S. 11).

Das Prinzip der imperialen räumlichen Arbeitsteilung, das dem jeweiligen Gebiet die optimale Produktion zuwies, mußte in den Kolonien zur Ausbildung von Monostrukturen führen. Den Maghrebländern fiel im Rahmen dieser Funktionsteilung vor allem die Erzeugung agrarer Exportprodukte wie Wein, Olivenöl, Agrumen sowie diejenige montaner

Rohstoffe wie Phosphate und Eisenerz zu. Diese Einzelsektoren wurden teilweise zu hoher Produktivität entwickelt, eine allseitige Förderung der gesamten Volkswirtschaft unterblieb jedoch. Für eine Industrialisierung der Kolonien war selbstverständlich in derartigen Konzepten kein Platz.

Die Weltwirtschaftskrise der dreißiger Jahre markierte auch in Algerien und Tunesien einen Wendepunkt der Kolonisation. Die Agrarkolonisation lief aus, die europäischen Siedler wanderten aus den Kolonialdörfern und Landstädten in die großen Küstenstädte ab. Das Kolonialland konzentrierte sich immer mehr in den Händen einer kleinen, aber einflußreichen Schicht von Grundbesitzern; das Gros der europäischen Bevölkerung zog sich in den wenigen Großstädten zusammen und bildete eine Dienstleistungsgesellschaft aus. Gleichzeitig verschlechterte sich offensichtlich die sozioökonomische Situation breiter Schichten der einheimischen Bevölkerung, deren natürlicher Zuwachs sich seit den dreißiger Jahren stark beschleunigt hatte. Die mohammedanische Bevölkerung Tunesiens wuchs im Jahrzehnt 1911—1921 um 9 %, in den Jahren 1926—1936 aber bereits um 21 %. Da die wirtschaftlichen Existenzmöglichkeiten des arabischen Bevölkerungsteils mit seinem Wachstum nicht Schritt hielten, war ein Verelendungsprozeß in bestimmten Regionen und Schichten unübersehbar geworden. Er äußerte sich in verschiedenen Formen, so z. B. in der Ausbildung eines Landproletariats, in der wachsenden Beteiligung der Einheimischen an den Land-Stadt-Wanderungen sowie schließlich in einer zunehmenden temporären Auswanderung algerischer Arbeitsuchender nach Frankreich. Die wachsenden sozialen Probleme legten bereits in den dreißiger Jahren die Fragwürdigkeit der damaligen Kolonialpolitik offen.

Die Ereignisse des Zweiten Weltkriegs offenbarten die Unzulänglichkeit des Wirtschaftspotentials der nordafrikanischen Kolonien. Als während des Krieges die Verbindungen zur Metropole jahrelang unterbrochen waren, gerieten die Maghrebländer schnell in ernste Versorgungsschwierigkeiten, da sie selbst bei elementarsten Konsumgütern auf Importe angewiesen waren. Durch ihr geringes industrielles Potential waren sie außerdem für die französische Kriegführung von bescheidenem Wert. Während des Krieges wurde endgültig klar, daß sowohl aus sozialen wie aus gesamtstaatlichen Motiven ein Umbau der Wirtschafts- und Sozialstruktur in den Kolonialgebieten unumgänglich war. Es begann die Endphase der französischen Herrschaft, die durch ein stärkeres Eingreifen des Staates in das Wirtschaftsgeschehen gekennzeichnet war. Das äußerte sich vor allem in einer Serie von Entwicklungsplänen, die nicht zuletzt den wachsenden Befreiungsbewegungen den Nährboden entziehen sollten. Erste Pläne wurden noch während des Krieges entworfen, von 1949 an waren Algerien und Tunesien mit eigenen Modernisierungs- und Ausrüstungsplänen in die französische „planification" eingebunden. Erstmals flossen nun auch größere finanzielle Mittel den Kolonien zu, während bis zum 2. Weltkrieg das Prinzip der Selbstfinanzierung, vor allem durch Kolonialanleihen, gegolten hatte.

Die Entwicklungspläne haben zweifellos die infrastrukturelle Ausstattung erheblich verbessert. Bildungswesen, Straßennetz und Elektrizitätsversorgung wurden ausgebaut, die Städte erfuhren eine lebhafte Bautätigkeit. Insgesamt waren die Impulse auf die produzierende Wirtschaft aber doch recht beschränkt. AMIN (1970, S. 114) hat mit Recht darauf hingewiesen, daß in unterentwickelten Ländern Verbesserungen der Infrastruktur nur mit Verzögerung Impulse auf die produzierende Wirtschaft bewirken. Ein Schwerpunkt der

Investitionen lag auf der Bewässerungswirtschaft und dem Staudammbau für die Elektrizitätserzeugung (Kabylei, Medjerdatal-Projekt). Diese Maßnahmen paßten sich in den Rahmen einer Entwicklungspolitik ein, die eine Verbesserung der sozioökonomischen Lage der Bevölkerung vor allem von Agrarreformen und Verbesserungen in der Agrartechnik erhoffte. Die Landwirtschaft sollte weiterhin die wirtschaftliche Basis bilden, daneben war eine industrielle Grundausstattung für die Bedürfnisse der Landwirtschaft und die Versorgung der Bevölkerung in Krisenzeiten vorgesehen. Eine allgemeine Industrialisierung erschien schon wegen der hohen Energiepreise, deren Niveau bis zur Inwertsetzung der Öl- und Gasvorkommen deutlich über dem französischen lag, objektiv ausgeschlossen. Auf Druck der Regierung errichteten jedoch viele französische Großbetriebe Filialen in Nordafrika. Freilich handelte es sich häufig weniger um echte Produktionsstätten, als um Montage- und Reparaturbetriebe sowie um Handelsniederlassungen. Auf diese Weise entstand neben dem geringen Bestand an älteren Familienbetrieben nach 1945 eine Schicht von modernen Tochterbetrieben französischer Konzerne, die freilich größtenteils auf Zulieferungen aus den Mutterbetrieben angewiesen blieben.

In Tunesien endete diese letzte Phase der kolonialen Entwicklungspolitik mit der Unabhängigkeit des Landes im Jahre 1956, während in Algerien die französische Regierung unter dem Eindruck des 1954 ausgebrochenen Befreiungskrieges einen letzten, groß angelegten Versuch unternahm, die Lebensbedingungen der algerischen Bevölkerung entscheidend zu verbessern. Dieser sogenannte „Plan von Constantine" 1959—1963 sah erstmals eine umfassende Industrialisierung als Schlüssel für die wirtschaftliche und soziale Entwicklung vor. Angesichts des Krieges und der politischen Entwicklung konnte der Plan nicht entfernt seine hochgesteckten Ziele verwirklichen und wurde 1962, nach der Unabhängigkeitserklärung Algeriens, abgebrochen. Auf einigen Teilgebieten setzte er jedoch Entwicklungen in Gang, die vom unabhängigen Staat in modifizierter Form fortgesetzt wurden. Das gilt besonders für die Erschließung der Erdöl- und Erdgasvorkommen der Sahara, für den Aufbau eines Erdgasversorgungsnetzes sowie für einige industrielle Großprojekte wie z. B. die Erdölraffinerie bei Algier, den Petrochemiekomplex von Arzew, das Phosphatbergwerk Djebel Onk und nicht zuletzt für das Eisenhüttenwerk El Hadjar bei Annaba.

Eine Bilanz der gewerblichen Wirtschaft am Ende der Kolonialzeit zeigt ein zwiespältiges Bild.

Ein positives Erbe bildeten die Verkehrsanlagen. Die Eisenbahnlinien hatten in Tunesien eine Länge von 2 000 km, in Algerien von 4 000 km. Wenn auch verschiedene Spurweiten vorkommen und die Streckenführung oft mehr strategischen oder begrenzten wirtschaftlichen Interessen von Bergbaugesellschaften dienten als einem Verkehrskonzept, so befriedigten sie doch weitgehend die damaligen Verkehrsspannungen. Das Straßennetz der Maghrebländer war engmaschig und in ausgezeichnetem Zustand, vier Seehäfen in Tunesien und zwei in Ostalgerien waren gut ausgebaut, die vier Flughäfen des Kartenblatts (Tunis, Annaba, Constantine, Skikda) waren für den internationalen Verkehr eingerichtet. Ein elektrisches Verbundnetz versorgte 1962 bereits alle algerischen Städte nördlich der Sahara, in Tunesien war es dagegen 1956 erst inselhaft ausgebildet. Insgesamt verfügten die Maghrebländer über eine infrastrukturelle Grundausstattung, die sie, bei allen Mängeln, positiv von vielen anderen Entwicklungsländern abhob.

Ein weit ungünstigeres Bild bot die Wirtschaftsstruktur. Die Landwirtschaft stellte in den fünfziger Jahren 30—35 % des Bruttosozialprodukts und bot für 60—70 % der einheimischen Bevölkerung die Existenzgrundlage. Der Bergbau war vor allem für die Außenwirtschaft von Bedeutung, stellte er doch 1954 30 % der tunesischen und 12 % der algerischen Exporte. Die verarbeitenden Industrien waren insgesamt schwach entwickelt, der Entwicklungsunterschied zwischen den Branchen war erheblich. Teile der Lebensmittelindustrie, wie Getreidemühlen und Konservenfabriken sowie die damalige Zementindustrie Tunesiens wiesen Kapazitäten auf, die den Landesbedarf überstiegen. Andererseits waren Industriezweige wie die Metallverarbeitung, die Elektroindustrie, die chemische Industrie, ja selbst lebensnotwendige Konsumgüterindustrien wie die Textilindustrie, die Bekleidungs- und Schuhfabriken noch kaum über erste Anfänge hinausgekommen. Das Handwerk, das vor der kolonialen Epoche die Bevölkerung mit Gütern versorgt hatte, war zumindest in Algerien, weniger in Tunesien, degradiert. Die Exportindustrien beschränkten sich auf einfache Verarbeitungsstufen, während die für den Binnenmarkt produzierenden Branchen weitgehend von Zulieferungen aus der Metropole abhingen. Die Verflechtung der vorhandenen Industriezweige war gering.

2.2 Die postkoloniale Entwicklung

2.2.1 Die Entkolonialisierung

Die politische Unabhängigkeit erreichte Tunesien am 20. März 1956, Algerien am 1. Juli 1962. In der Folge waren beide Staaten bestrebt, auch die wirtschaftliche Unabhängigkeit im größtmöglichen Umfang zu erringen. Dieser Prozeß der wirtschaftlichen Entkolonialisierung vollzog sich in beiden Maghrebländern während eines Zeitraums von etwa zehn Jahren.

Sehr einschneidend wirkte sich zunächst der Abzug des weitaus größten Teils der europäischen Bevölkerung aus den beiden Siedlungskolonien aus. In Algerien sank die Zahl der Europäer nach der Massenflucht des Jahres 1962 innerhalb von 6 Monaten von 1,05 Mio. auf 130 000 (ANNUAIRE DE L'AFRIQUE DU NORD 1962, S. 531). In Tunesien verlief der Exodus zwar langsamer, aber auch hier verringerte sich die europäische Bevölkerungsgruppe von 255 000 (1956) auf 35 000 (1964) (MENSCHING 1968 b, S. 8). Der Abzug der Europäer bewirkte einerseits einen vorübergehenden Rückgang der Kaufkraft sowie einen lange anhaltenden Mangel an qualifizierten Arbeitskräften, er machte andererseits aber die oberen Plätze der sozialen Pyramide für die arabische Bevölkerung frei. Nach AMIN (1970, S. 141) stieg z. B. in Tunesien die Zahl der Staatsbediensteten tunesischer Nationalität zwischen 1955 und 1960 von 12 000 auf 80 000.

Mit der Einführung des tunesischen Dinar (1958) und des algerischen Dinar (1964) als jeweilige Landeswährung wurde die Währungsunion und etwa gleichzeitig de facto die Zollunion mit Frankreich gelöst. Beide Staaten bemühten sich mit Erfolg, die übermächtige Position Frankreichs im Außenhandel abzubauen. Algerien reduzierte den französischen Anteil von 75—85 % (vor 1962) bis 1976 auf 27,2 % seiner Importe und 13, 8 % der Exporte (BULLETIN ÉCONOMIQUE No 30, 1977, S. 5). In Tunesien belief sich der Anteil Frankreichs im Jahre 1976 auf 17 % der Exporte und 32,1 % der Importe. An die Stelle Frankreichs sind die übrigen Staaten Westeuropas und die USA getreten.

Die schwierigste Komponente der Entkolonialisierung war die Übernahme der in aus-
ländischer Hand befindlichen Produktionsmittel, die zum Zeitpunkt der Unabhängigkeitserklärung den überwiegenden Teil der modernen Wirtschaftssektoren ausmachten. In
Tunesien übernahm der Staat Mehrheitsbeteiligungen an den Bergwerken, verstaatlichte
die Versorgungsunternehmen, enteignete 1964 den damals noch vorhandenen ausländischen Besitz an landwirtschaftlichen Flächen, beließ dagegen die verarbeitenden Industrien — im Gegensatz zu Algerien — ihren Eigentümern. In Algerien gaben die europäischen Siedler bereits während der Massenflucht des Jahres 1962 einen Großteil des Farm-
landes und der Gewerbebetriebe auf. Diese „biens vacants" wurden zunächst genossen-
schaftlich, durch eine Arbeiterselbstverwaltung, bewirtschaftet. Die gewerblichen Betriebe
wurden in der Folge von den Staatskonzernen, den „Sociétés Nationales", übernommen.
In der Landwirtschaft spielt dagegen die Selbstverwaltung nach wie vor eine wichtige
Rolle. Im Oktober 1963 wurden auch diejenigen landwirtschaftlichen Betriebe enteignet,
die nicht von ihren ausländischen Eigentümern aufgegeben worden waren, der Erzberg-
bau folgte 1966. Die verarbeitenden Industrien wurden schrittweise, ohne erkennbares
System nationalisiert. Einen gewissen Abschluß bildete 1971 die Übernahme der Kapital-
mehrheit an den französischen Ölgesellschaften. Heute hat der algerische Staat die
Schlüsselindustrien des Landes in Form von Staatskonzernen fest in seiner Hand.

Diese einschneidenden Umstrukturierungen blieben nicht ohne Auswirkungen auf das
Sozialprodukt. Der Rückgang der Produktion blieb jedoch eine vorübergehende Erschei-
nung, der in beiden Ländern nach etwa 4—5 Jahren überwunden wurde. In Tunesien
setzte ab 1960/61, in Algerien ab 1967 die wirtschaftliche Erholung ein.

2.2.2   Die Entwicklungspolitik Tunesiens

Die tunesische Wirtschaftspolitik schwankte seit 1956 mehrmals zwischen einer gemäßig-
ten Planwirtschaft und einer liberalen Marktwirtschaft. Die liberale Wirtschaftspolitik in
den ersten Jahren der Unabhängigkeit wurde 1961, nachdem der frühere Gewerkschafts-
führer AHMED BEN SALAH das Planungs- und Wirtschaftsministerium übernommen hatte,
durch eine gemäßigt dirigistische Planwirtschaft abgelöst. Von nun an griff der Staat in
Form von Mehrjahres-Entwicklungsplänen sehr viel stärker in das Wirtschaftsgeschehen
ein. Für den Zeitraum 1962—1971 wurde ein Zehnjahres-Perspektivplan (PERSPECTIVES
DÉCENNALES DE DÉVELOPPEMENT) als Rahmenplan aufgestellt, der mit einem Dreijahresplan 1962—1964 und von 1965 an mit sich ablösenden Vierjahresplänen ausgefüllt wurde.
Die Industrialisierung wurde durch Staatsgesellschaften, den sogenannten „Sociétés
Nationales", vorangetrieben.

Eine allzu forcierte Politik der Kollektivierung in Landwirtschaft, Handel, Handwerk
und Transportwesen rief den Widerstand der Betroffenen hervor und führte zum Sturz
BEN SALAHS (1969). Tunesien schwenkte in der Folge wieder auf eine liberale Wirtschaftspolitik ein, die Intervention des Staates beschränkte sich fortan auf Grundstoffindustrien
und Versorgungsunternehmen. Seit 1970 betrieb die tunesische Regierung unter Minister-
präsident HEDI NOUIRA eine Politik des raschen Wirtschaftswachstums. Das Rentabilitäts-
denken trat wieder stärker in den Vordergrund, außerdem wurde das Land stärker dem

Auslandskapital, vornehmlich zum Aufbau von Exportindustrien und Fremdenverkehrseinrichtungen, geöffnet.

Die Ziele der tunesischen Entwicklungspolitik während der sechziger Jahre gehen aus der Aufgliederung der Investitionen während der Laufzeit des Zehnjahresplans 1962—1971 hervor, für den eine detaillierte Bilanz in Form der Rétrospectives Décennales vorliegt (s. *Tab. 1*).

Tabelle 1   Aufgliederung der Investitionen in Tunesien 1962—1971

	Mio. DT		%	
Landwirtschaft	233,9		18,8	
Industrie, Bergbau Energie	364,4		29,3	
davon: Bergbau (ohne Öl)		34,9		2,8
Ölwirtschaft		109,1		8,8
Elektrizität, Wasserwirtschaft		73,0		5,9
verarbeitende Industrien		147,4		11,8
Dienstleistungen, Wohnungsbau	633,0		50,8	
davon: Verkehr, Kommunikation		147,4		11,8
Fremdenverkehr		99,3		8,0
Wohnungsbau		153,2		12,3
Handel		19,2		1,5
Gemeinschaftseinrichtungen		213,9		17,2
Sonstiges	14,2		1,1	
Summe	1 245,5		100,0	

Quelle: Rétrospectives Décennales 1962—1971 (1972, S. 26)

Demnach entfielen auf den Ausbau der Infrastruktur im weitesten Sinne 50,8 % der gesamten Investitionssumme von 1 245,5 Mio. DT. Von den produktiven Sektoren erhielt die Landwirtschaft mit 18,8 % den Löwenanteil, während sich die verarbeitenden Industrien mit 11,9 % begnügen mußten. Im traditionellen Bergbau und im Ölbergbau wurde mit zusammen 11,6 % nahezu der gleiche Anteil investiert. Die Investitionsquote konnte von 13,7 % des Bruttoinlandsprodukts (1957—1961) auf durchschnittlich 23,3 % während der Laufzeit des Plans angehoben werden. Die Auswirkungen dieser massiven Investitionstätigkeit auf das Wirtschaftswachstum waren für die tunesischen Planer enttäuschend. Das Bruttoinlandsprodukt stieg zwar von 373,8 Mio. DT (1962) auf 753,5 Mio. DT (1971) oder um jährlich 6,3 % zu laufenden Preisen (s. *Tab. 2*). Unter Berücksichtigung der Inflationsrate reduziert sich die durchschnittliche jährliche Zuwachsrate des BIP zu Faktorkosten auf 3,8 % (Rétrospectives Décennales 1972, S. 69). Da die Bevölkerung im gleichen Zeitraum jährlich um 2,2 % anstieg, ergibt sich je Kopf der Bevölkerung nur ein recht geringes Wirtschaftswachstum.

Tabelle 2   Die Entwicklung des tunesischen Bruttoinlandsprodukts 1962—1977
(zu Marktpreisen)

	Wert (Mio. DT)	Zuwachsrate (%)		Wert (Mio. DT)	Zuwachsrate (%)
1962	373,8	+ 1,9	1970	666,0	+ 6,6
1963	401,6	+ 7,4	1971	753,5	+13,1
1964	435,2	+ 8,4	1972	1 077,6	+43,0[a]
1965	495,9	+13,9	1973	1 162,8	+ 7,9
1966	507,5	+ 2,3	1974	1 527,0	+31,3
1967	531,2	+ 4,7	1975	1 744,2	+14,2
1968	582,6	+ 9,7	1976	1 900,0	+ 8,9
1969	624,5	+ 7,2	1977	2 122,1	+11,7

[a] Die hohe Zuwachsrate 1971/72 erklärt sich z. T. durch eine Änderung der Erfassungsmethoden

Quellen: Rétrospectives Décennales 1962—1971 (1972, S. 67) — Statistiques Financières No 49 (1978, S. 78)

Nach dem wirtschaftspolitischen Kurswechsel von 1969 erfuhr das Wirtschaftswachstum Tunesiens zweifellos eine Beschleunigung. Allerdings war diese Entwicklung auch durch mehrere günstige Ernten sowie durch die Preisentwicklung der Rohstoffe Phosphat und Erdöl auf den Weltmärkten 1973/74 begünstigt.

Obwohl während der Laufzeit des Zehnjahresplans nur ein relativ geringer Teil der Investitionen auf den industriellen Sektor entfiel, wurden eine Anzahl von Großbetrieben errichtet, die das industrielle Raumgefüge des Kartenbereiches nicht unwesentlich modifizierten. Die während der Kolonialzeit dominierende Lebensmittel- und Baustoffindustrie wurde durch neue Industriezweige ergänzt. Neugeschaffene Grundstoffindustrien verarbeiten heute einen Teil der vorher unverarbeitet exportierten Rohstoffe. So wird die tunesische Eisenerzförderung, die allerdings stark rückläufig ist, zum größten Teil im Hüttenwerk von Menzel Bourguiba verarbeitet, die Phosphatförderung wird zur Hälfte zu Kunstdünger und Phosphorsäure veredelt, die Halfagrasernte wird fast vollständig von der Zellulosefabrik Kasserine aufgenommen. Auf dem Gebiet der Konsumgüterindustrien wurde vor allem eine Textilindustrie aufgebaut, welche die Grundbedürfnisse der Bevölkerung deckt und darüber hinaus einen Exportüberschuß erzielt. Daneben sind Möbelfabriken, Schuhfabriken, Baustoffwerke, Molkereien und eine Zuckerfabrik neu entstanden.

Am Ende der sechziger Jahre wurde klar, daß die Ausweitung der industriellen Produktion sehr schnell auf die engen Grenzen des tunesischen Marktes stieß. Die tunesische Regierung forcierte daher seit 1972/73 den Aufbau von arbeitsintensiven Exportindustrien durch ausländische Investoren. Diese sollen Kapital und Technologie zur Verfügung stellen, sie können auch Ausrüstungsgüter, Rohstoffe und Halbfabrikate zollfrei importieren, wenn sie die Fertigprodukte wieder exportieren. Das Assoziierungsabkommen von 1969 verschafft den tunesischen Fertigwaren im Prinzip freien Zugang zum Markt der EG. Diese neue Industrialisierungspolitik war besonders bei der Schaffung von Arbeitsplätzen recht erfolgreich. Freilich handelte es sich gerade bei den Exportindustrien um wenig qualifizierte Arbeitsplätze, vor allem in der Bekleidungsindustrie. Der erhoffte Technologie-transfer fand nicht im gewünschten Umfang statt. Außerdem ist diese außenorientierte Entwicklungspolitik wegen der Abhängigkeit besonders vom europäischen Markt nicht unumstritten (s. z. B. Bolz 1976, S. 166—273).

Als Folge dieser Industrialisierungspolitik hat sich die Struktur der tunesischen Exporte im Verlauf der letzten Jahre nicht unwesentlich verändert. Der Anteil der Fertigprodukte ist zwischen 1966 und 1977 immerhin von 4,3 % (3,2 Mio. DT) auf 21,4 % (84,5 Mio. DT) gestiegen. Gleichzeitig fiel der Anteil der in der Kolonialzeit so wichtigen Nahrungsgüter von 45,1 % (33,3 Mio. DT) auf 14,5 % (57,3 Mio. DT) (Statistiques Financières No 49, 1978, S. 71). Da die Investitionen des Zehnjahresplans zu 43,7 % durch Zuflüsse aus dem Ausland finanziert wurden, erhöhte sich die Auslandsschuld Tunesiens von 77,6 Mio. DT (1962) auf 337,2 Mio. DT (1971) Rétrospectives Décenna-les 1972, S. 64). Für den Schuldendienst sind jährlich etwa 20 % der Deviseneinnahmen erforderlich.

Nur schwer lassen sich die sozialen Auswirkungen der tunesischen Entwicklungspolitik beurteilen. Nach den Angaben der Rétrospectives Décennales wurden zwischen 1962 und 1971 rund 132 000 Arbeitsplätze neu geschaffen. Diese Zahl reicht aber angesichts eines Geburtenüberschusses von jährlich 2,8 % nicht aus, um Arbeitslosigkeit und Unter-beschäftigung zu beseitigen. Ein für die Regierung willkommenes Ventil war die Auswan-derung von 212 000 Personen während der Laufzeit des Zehnjahresplans, wodurch der Bevölkerungszuwachs auf netto 2,2 % reduziert wurde. Der auf die Förderung arbeitsin-tensiver Wirtschaftszweige zielenden Wirtschaftspolitik des Ministerpräsidenten Nouira gelang es, während der Laufzeit des Vierjahresplanes 1973—1976 rund 164 000 Arbeits-plätze neu zu schaffen (Industries et Travaux d'Outre-Mer 25, 1977, S. 818). Aber auch diese erstaunlich hohe Zahl reicht angesichts der demographischen Entwicklung und der stark verringerten Möglichkeiten der Arbeiterwanderungen nach Europa offensicht-lich nicht aus, den Anstieg der sozialen Spannungen zu dämpfen.

2.2.3 Die Entwicklungspolitik Algeriens

Die algerische Wirtschaftspolitik der Postkolonialzeit wies von Anfang an eine eher sozia-listische Ausrichtung auf. Die algerische Befreiungsbewegung zielte nicht nur auf die nationale Unabhängigkeit ab, sie entwickelte auch stärker sozialrevolutionäre Züge als die der anderen Maghrebländer. Bereits die „Charta von Tripolis" aus dem Jahre 1962[1] for-derte auf wirtschaftlichem Gebiet die Beseitigung des ausländischen Einflusses, eine Agrarrevolution mit Umverteilung des Landes, die Verstaatlichung von Kreditwesen, Außenhandel, Bodenschätzen sowie eine staatliche Entwicklungsplanung. Der wirtschaft-liche Liberalismus wurde ausdrücklich abgelehnt.

In den ersten Jahren der Unabhängigkeit war wegen der inneren Wirren an eine kon-krete Entwicklungsplanung noch weniger zu denken als in Tunesien. Erst nach der Machtübernahme durch die Gruppe um Oberst Boumedienne im Juni 1965 konsolidierten

---

[1] Die Charta wurde von dem noch im Exil in Tripolis tagenden Führungsorgan der Befreiungsfront FLN verabschiedet. Abdruck in: Annuaire de l'Afrique du Nord (1962, S. 683—704).

sich die politischen Verhältnisse. Mit einem Dreijahresplan (1967—1969) und den nachfolgenden Vierjahresplänen von 1970—1973 und 1974—1977 begann eine zielstrebige, langfristige Entwicklungspolitik.

Das hervorstechendste Merkmal des algerischen Entwicklungsmodells ist die eindeutige Vorrangstellung des industriellen Sektors. Die Industrialisierung wird als der entscheidende Hebel für die Ingangsetzung eines alle Lebensbereiche umfassenden Entwicklungsprozesses angesehen. Die Priorität von Industrie und Bergbau wird an der Verteilung der Investitionen der einzelnen Entwicklungspläne sichtbar. Von den realisierten Investitionen des Dreijahresplanes (1967—1969) in Höhe von 9,124 Mrd. DA entfielen 4,750 Mrd. oder 52 % auf Industrie und Bergbau, im 1. Vierjahresplan 1970—1973 waren 12,4 Mrd. DA oder 45 % der ursprünglichen Plansumme von 27,74 Mrd. DA und im 2. Vierjahresplan (1974—1977) 48 Mrd. DA oder 43,5 % von 110,217 Mrd. DA für diese Sektoren vorgesehen (PLAN QUADRIENNAL 1970—1973, S. 84; BULLETIN ÉCONOMIQUE No 2, 1974, S. 7).

Die Landwirtschaft, von der nach wie vor etwa die Hälfte der Bevölkerung lebt, erhielt in allen Planperioden nur vergleichsweise bescheidene Anteile des Investitionsvolumens. Ihr relativer Anteil sank dabei von 16,8 % (1967—1969) auf 15 % (1970—1973) und 10,9 % (1973—1977). Der Fremdenverkehr wird — im Unterschied zu den maghrebinischen Nachbarn Marokko und Tunesien — nur wenig entwickelt.

Eine imposante Entwicklung nahm seit 1967 das Volumen der öffentlichen Investitionen (s. *Tab. 3*).

Die beachtliche Steigerung des Investitionsvolumens wurde einmal durch die sprunghafte Steigerung der Erlöse aus dem Erdölgeschäft ab 1973/74 sowie durch eine konsequente Austerity-Politik der algerischen Regierung ermöglicht, welche einen außerordentlich hohen Anteil des Bruttoinlandsprodukts für Investitionen verwendet. Diese Investitionsquote dürfte 1975 einen Anteil von 40 % des BIP von 54,5 Mrd. DA erreicht haben (BANQUE NATIONALE D'ALGERIE, Exercice 1975, S. 10).

Unter den einzelnen Wirtschaftssektoren nimmt die Erdöl- und Erdgaswirtschaft eine Schlüsselstellung ein, auf sie entfällt seit 1967 der größte Einzelposten der Investitionen. Die Hauptfunktion dieses weitgehend vom Staatskonzern SONATRACH kontrollierten Wirtschaftszweiges ist die Kapitalakkumulation. Öl, Ölderivate und Erdgas haben seit

Tabelle 3   Die Entwicklung des algerischen Investitionsvolumens 1967—1976

	Mio. DA		Mio. DA
1967	1 652	1972	9 614
1968	3 174	1973	12 000
1969	4 301	1974	17 808
1970	6 918	1975	25 670
1971	7 103	1976	26 020

Quellen: PLAN QUADRIENNAL (1970, S. 84) — BANQUE EXTÉRIEURE D'ALGÉRIE. Rapport Annuel (1971, S. 42) — MAGHREB-MACHREK No. 72 (1976a, S. 41).

1975 einen Anteil von über 90 % an den algerischen Exporten und von 54 % an den algerischen Staatseinnahmen (1975). Daneben kommt dem Erdgas die Rolle des billigen Energieträgers zu. In den achtziger Jahren, nach Anlaufen der großen Exportverträge, wird Erdgas außerdem das Erdöl als Devisenbringer ablösen.

Die Industrialisierung Algeriens basiert auf der Entwicklung einiger weniger Grundstoffindustrien, für die ausreichend Rohstoffe im eigenen Land vorhanden sind:
— petrochemische Werke auf Erdgasbasis zur Erzeugung chemischer Grundstoffe (Ammoniak, Äthylen, Polyvinylchlorid)
— Eisenhütten- und Stahlwerke auf der Basis eigener Erze
— Baustoffindustrien (Zementwerke, Ziegeleien)
— Kunstdüngerfabriken

Die Betriebe dieser vier Grundstoffindustrien bildeten die Investitionsschwerpunkte der ersten beiden Planperioden. Unabhängig davon wurde mit sehr viel geringeren Mitteln eine importsubstituierende Konsumgüterindustrie zur Deckung der elementarsten Bedürfnisse der Bevölkerung errichtet. Im 2. Vierjahresplan 1974—1977 verlagerten sich die Investitionen stärker auf Investitionsgüterindustrien, welche die Outputs der zuerst errichteten Grundstoffindustrien weiterverarbeiten (Metallverarbeitung, Fahrzeugbau, Elektrotechnik, Kunststoffverarbeitung). Wie wenige andere Entwicklungsländer verfolgt Algerien die Strategie, mit der Industrialisierung an der Basis zu beginnen und die weiterverarbeitenden Zweige sukzessiv aufeinander aufzubauen. Das Schwergewicht liegt dabei — zumindest vorläufig — auf der Grundstoff- und Investitionsgüterindustrie, die Konsumgüterindustrie tritt zurück. Im Gegensatz zur überwiegend extravertierten Industrie der Kolonialzeit, die vielfach ihre Inputs importierte und ihre Outputs exportierte und damit nur geringe Entwicklungsimpulse auf die gesamte Wirtschaft ausübte, sollen die neuen Industrien weitgehend introvertiert produzieren und dadurch Entwicklungseffekte induzieren. Der Export an Industriegütern ist daher noch recht bescheiden. Das algerische Modell lehnt sich eng an Vorstellungen des französischen Wirtschaftswissenschaftlers DESTANNE DE BERNIS (1971, S. 545—563) und dessen Theorie von den „industries industrialisantes" an.

Ein wichtiges Anliegen der algerischen Industrialisierungspolitik ist die Verflechtung der einzelnen Industriezweige untereinander sowie der Verbund zwischen dem industriellen und dem landwirtschaftlichen Sektor. Wichtige Teilbereiche der neuen Industrien wurden errichtet, um Arbeits- und Flächenproduktivität der Landwirtschaft zu erhöhen (Kunstdüngerfabriken, Produktion von Pestiziden, Bewässerungsmaterial, je eine große Traktoren- und Landmaschinenfabrik).

Das algerische Entwicklungsmodell blieb nicht ohne Kritik (s. z. B. ISNARD 1969, S. 325—340; VIRATELLE 1970). Ein Hauptansatzpunkt bildete die geringe Arbeitsintensität der mit Vorrang aufgebauten Grundstoffindustrien modernster Technologien in einem Land mit hoher Arbeitslosigkeit. Außerdem ist der Kapitalbedarf für diese Anlagen so enorm, daß auch das Ölland Algerien auf ausländische Finanzquellen angewiesen ist und im Jahre 1976 im Ausland mit 20 Mrd. DA verschuldet war (MAGHREB-MACHREK No 73, 1976 b, S. 77). Aus technologischen Gründen müssen die modernen Anlagen der Grundstoffindustrien so groß dimensioniert werden, daß ihr Ausstoß die Aufnahmefähigkeit des Binnenmarktes auf lange Zeit übersteigen wird und daher Absatzmärkte für Halbfabrikate erschlossen werden müssen. Ein gesondertes Problem bildet die Rentabilität der jungen Industrien. Infolge verspäteter Produktionsaufnahme, häufiger Pannen und ungenügender Kapazitätsauslastung sind fast alle algerischen Staatsbetriebe permanent defizitär (ELSEN-HANS 1977, S. 42) und müssen aus dem Staatshaushalt subventioniert werden, statt Gewinne an ihn abzuführen. Als Folge der jahrelangen Vernachlässigung stagniert die landwirtschaftliche Produktion. Erhebliche Investitionen waren nötig, um bei den selbst-verwalteten Gütern 1972 wieder die Hektarerträge zu erzielen, welche die französischen Colons bereits 1954 erreicht hatten. Inzwischen hat sich aber die Bevölkerung Algeriens ungefähr verdoppelt. Folglich stiegen die Importe an Grundnahrungsmitteln bis 1975 auf den Wert von 6,3 Mrd. DA, denen nur noch Lebensmittelexporte in Höhe von 700 Mio. DA gegenüberstanden (MAGHREB-MACHREK No. 73, 1976 b, S. 73). Unübersehbar sind auch die sozialen Auswirkungen der forcierten Industrialisierung. Die Schaffung von sicheren und relativ gut entlohnten Arbeitsplätzen in Industrie und Öffentlichem Dienst bewirkte eine anhaltende Sogwirkung auf die mit geringer Produktivität — und entsprechend geringem Einkommen — wirtschaftende Landwirtschaft. Es mehren sich die Klagen in der algerischen Presse, daß gerade die qualifizierten Kräfte, wie etwa Traktor-fahrer, in die weit besser entlohnende Industrie abwandern, so daß die Landwirtschaft gerade in stadtnahen Gebieten unter Arbeitskräftemangel leidet und bereits Flächen unbe-stellt bleiben (EL MOUDJAHID v. 5. 9. 1978, S. 3). Dem gestiegenen Einkommensniveau der von der Entwicklung privilegierten Schicht konnte die Konsumgüterproduktion nicht ent-fernt folgen. Inflationäre Spannungen, besonders bei hochwertigeren Nahrungsmitteln wie Fleisch und Fisch, sind die Folge. Schließlich hat die Industrialisierung zu einer star-ken Land-Stadt-Wanderung geführt, so daß die Wohnungsnot in den Städten zu einem der ernstesten innenpolitischen Probleme Algeriens geworden ist.

Nimmt man die Verbesserung der Lebensverhältnisse aller Bevölkerungsschichten als Kriterium, so muß die Frage offen bleiben, ob das algerische Entwicklungsmodell lei-stungsfähiger als das tunesische ist. Freilich werden die mit hohen Kosten errichteten Industrieanlagen erst in den achtziger Jahren voll die Produktion aufnehmen, auch wird das Anlaufen der Erdgasexportverträge ab etwa 1980 zusätzliche Finanzmittel für Alge-rien erschließen. Vor 1985/1990 wird sich daher keine endgültige Aussage über die Lei-stungsfähigkeit des algerischen Entwicklungsmodells machen lassen.

3   Die Wirtschaftszweige

3.1 Der Bergbau

Neben der Agrarkolonisation bildete die Ausbeutung der Bodenschätze die wichtigste Komponente der kolonialen Wirtschaftspolitik. Die moderne Bergwirtschaft des östlichen Maghreb ist durchweg erst im Gefolge der Kolonisation entstanden; über den vorkolonia-len Bergbau ist nur wenig bekannt, er wurde jedenfalls nur in bescheidenem Umfang betrieben.

Die ersten Bergbaustandorte des Kartenblattes waren Eisenerzminen, die ab 1865 im Hinterland von Annaba auf kleinen, aber hochwertigen Lagerstätten eingerichtet wurden.

Zwar waren diese Vorräte schon um die Jahrhundertwende erschöpft, sie hatten aber den Ausbau des Hafens von Annaba als Erzexporthafen zur Folge — eine Funktion, die er heute noch ausübt.

In Tunesien wurden die ersten Konzessionen zum Abbau von Bleierzen am Djebel Ressas bereits 1868, also noch vor Errichtung des Protektorats, vergeben. Diese ersten Bergwerke waren noch relativ klein und beschränkten sich auf küstennahe Vorkommen.

Die eigentliche bergbauliche Erschließung unter Einsatz erheblicher Kapitalien setzte aber erst im Zeitalter des europäischen Wirtschaftsimperialismus ab 1890 ein, als der Rohstoffbedarf der europäischen Industrie nicht mehr in den Metropolen gedeckt werden konnte. Nun wurden von kapitalkräftigen Gesellschaften auch küstenferne Lagerstätten in großem Maßstab ausgebeutet. Die Errichtung von Stichbahnen und der Ausbau der Exporthäfen (Annaba, Bizerte, Tunis, Sousse, Sfax) waren die Voraussetzung für die Aufnahme der Förderung. Die einheimischen Arbeitskräfte für die neuen Bergbauzentren mußten vielfach in weit entfernten Gebieten (Kabylei, Marokko, Libyen) rekrutiert werden. Neben den Aufbereitungsanlagen entstanden die Bergbausiedlungen, die mit ihrer strengen Trennung von Europäer- und Eingeborenenvierteln bis heute Form gewordene Beispiele der kolonialen Klassengesellschaft darstellen. Die Bergbauzentren bildeten Enklaven eines modernen Wirtschaftszweiges ohne funktionale Beziehungen zum Umland. Erst in der Postkolonialzeit wurden die großen Bergbausiedlungen durch geplante Ansiedlung zentraler Funktionen und durch bauliche Umgestaltung zu zentralen Orten ihres Umlandes ausgebaut.

Die ersten großen Bergbaustandorte des Kartenblattes entstanden mit der Erschließung der Kalkphosphatlager. Nachdem der französische Regierungsveterinär PHILIPPE THOMAS im Jahre 1885 die Phosphatvorkommen westlich von Gafsa entdeckt hatte, wurden zwischen 1895 und 1913 fast alle Phosphatbergwerke der Karte N 12 installiert, lediglich die algerische Grube Djebel Onk ist jüngeren Datums.

Auch die großen Eisenerzgruben des Blattes wurden bereits in den ersten Jahrzehnten dieses Jahrhunderts erschlossen. Ab 1908 wurde der Hämatitstock des Djebel Djerissa abgebaut, die algerischen Gruben Djebel Ouenza — Djebel bou Khadra fördern seit 1921. Die lange Dauer der Ausbeute hat zur Folge, daß bereits einige Vorkommen ihrer Erschöpfung entgegengehen (Kouif, Djebel Djerissa).

Verfolgt man die Produktion der traditionellen Bergbauprodukte Tunesiens in diesem Jahrhundert, so fallen die starken Schwankungen in Abhängigkeit von der Konjunktur der Industriestaaten auf. Zwar oszillieren die Förderziffern nicht mehr so extrem wie in der Kolonialzeit, die starken Ausschläge der Exportpreise sind aber nach wie vor ein ernstes Problem. Für seine Rohphosphate erlöste Tunesien im Durchschnitt des Jahres 1972 lediglich 4,2 DT je Tonne; in einer beispiellosen Hausse zogen die Preise bis 1975 auf 23,0 DT an, 1977 waren sie wieder auf 10,1 DT gefallen (STATISTIQUES FINANCIÈRES No. 49, 1978, S. 74). Ein weiteres Merkmal des traditionellen Bergbaus im östlichen Maghreb ist die seit Jahrzehnten zu verzeichnende Stagnation der Förderziffern. Die tunesische Produktion von Blei- und Zinkerzen erreichte bereits vor dem 1. Weltkrieg ihr Maximum, die Förderung von Phosphat bewegte sich bereits 1930 auf ihrem gegenwärtigen Niveau (s. *Tab. 4*).

Die internationale Stellung der traditionellen Bergbauprodukte des östlichen Maghreb ist heute unbedeutend. Das gilt einmal für die Eisenerze, die vor 1939 einen nicht geringen

Tabelle 4   Förderziffern der wichtigsten Bergbauprodukte Tunesiens

	Phosphate (1 000 t)	Eisenerz (1 000 t)	Bleierz (1 000 t)	Zinkerz (1 000 t)
1913	2 044	590	59,4	37,0
1930	3 326	750	27,5	1,8
1950	1 525	758	30,7	5,7
1960	2 096	1 033	28,0	7,0
1970	3 023	773	35,5	21,5
1975	3 481	616	17,2	8,8
1976	3 301	494	17,0	9,8
1977	3 614	343	16,5	10,5

Quellen: ANNUAIRE STATISTIQUE DE LA TUNISIE, div. Jahrgänge; — STB, EXERCICE 1977

Anteil an der Versorgung Europas hatten, in noch stärkerem Maße aber für die Phosphate. Vor 1914 besaß Tunesien auf dem europäischen Markt fast ein Monopol; 1930 steuerte es noch 25 % der Weltförderung bei, während 1973 sein Anteil bei nur noch 3,5 % lag.

3.1.1 Der Phosphatbergbau

Die Phosphatlagerstätten im östlichen Maghreb sind marine Sedimente des unteren Eozäns, die in zwei Lagerungstypen auftreten. Im Tellhochland (Kalaâ Khisba, Kouif) wurden sie stark von den tektonischen Bewegungen des Mio-Pliozäns erfaßt, daher sind hier die Abbaubedingungen ungünstig. Dagegen sind die Vorkommen am Sahararand von der Faltungsbewegung des Atlassystems nur noch schwach erfaßt worden. Hier streichen die phosphatführenden Schichten an den Flanken von Antiklinalen aus oder sind — wie am Djebel Onk — sogar in eine Synklinale eingebettet, so daß hier ein kostengünstiger Tagebau möglich ist. Die Mächtigkeit der Flöze schwankt zwischen 2,5 und 4,5 m, in der Grube Djebel Onk werden sogar 30 m erreicht.

Die wirtschaftlich nutzbaren Reserven Tunesiens werden mit 1,5—2 Mrd. t beziffert, diejenigen Algeriens mit 1 Mrd. t.

Das Schwergewicht der Phosphatförderung liegt im Südrevier mit der algerischen Grube Djebel Onk (1974: 860 000 t) und den tunesischen Bergwerken M'Dilla, Metlaoui, Moularès und Redeyef (Förderung: 3—3,5 Mio. t). In den 70er Jahren wurde in der Nähe von M'Dilla die moderne Grube Sehib eingerichtet (auf der Karte N 12 noch nicht enthalten), während für die Grube Moularès, deren Vorräte zur Neige gehen, am Djebel M'Rata (15 km nordwestlich Moularès, an der algerischen Grenze) ein Ersatz geschaffen werden soll. Demgegenüber ist die Förderung auf der Tellhochfläche in Kalaâ Khisba (früher Kalaâ Djerda, s. *Figur 1*) mit dem Vorwerk Haidra und dem algerischen Kouif von geringerer Bedeutung (Förderung Kalaâ Khisba: 250 000—300 000 t/Jahr).

Die algerische Förderung geht zum überwiegenden Teil in die Düngemittelfabrik Annaba, deren Produkte vollständig von der einheimischen Landwirtschaft abgenommen werden. Demgegenüber ist die tunesische Phosphatwirtschaft so gut wie völlig vom Export

Figur 1   Phosphatbergwerk Kalaâ Khisba (früher Kalaâ Djerda) auf der Tellhochfläche Mitteltunesiens. 4. 4. 1968

abhängig (s. *Tab. 10*). Sie wird dabei im Vergleich zu konkurrierenden phosphatproduzierenden Ländern durch einige Kostenfaktoren belastet. Der natürliche Gehalt an Phosphaten ist mit 58—65 % relativ gering, er muß erst künstlich auf marktgängige Qualitäten von 68—75 % angereichert werden. Der Niedergang der Frachtraten infolge der Entwicklung großer Massengutfrachter nahm dem Land seinen Frachtkostenvorsprung vor den nordamerikanischen Phosphaten in Europa und Südasien. Außerdem kann der Hauptexporthafen Sfax nur von Schiffen bis 25 000 t angelaufen werden. Der lange Schienenweg von den ·Gruben bis Sfax (240—280 km) belastet das Produkt mit hohen Frachtkosten, zudem ist die Kapazität dieser noch aus den neunziger Jahren des vorigen Jahrhunderts stammenden Schmalspurbahn (1 000 mm Spurweite) begrenzt. Der Plan, eine neue, nur 150 km lange Linie von Gafsa zum neuen Hafen Gabès zu bauen, konnte bisher wegen Finanzierungsschwierigkeiten nicht verwirklicht werden. Die Bemühungen Tunesiens, die Phosphatverarbeitung auszubauen (s. *Kap. 3.3.6*), sind auch durch Absatzschwierigkeiten für Rohphosphate motiviert.

Die algerische Grube Djebel Onk ist 330 Bahnkilometer vom Hafen Annaba entfernt. Aus diesem Grunde wurde die Lagerstätte, die bereits seit 1906/07 bekannt ist, erst ab 1960 im Rahmen des „Plans von Constantine" erschlossen. Als Vorbedingung mußte die bis Tébessa bestehende Bahnlinie noch um rund 100 km nach Süden verlängert werden.

Der tunesische Phosphatbergbau beschäftigt ca. 11 000, der algerische etwa 1 100 Arbeitskräfte. Die Gruben mit den zugehörigen Aufbereitungsanlagen sind sehr arbeitsintensiv. Sie beschäftigen jeweils 800—2 800 Arbeitnehmer. Waren die Phosphatbergbausiedlungen in der Kolonialzeit ethnisch sehr heterogen, so hat sich in der Postkolonialzeit ein grundlegender Wechsel vollzogen. Aus den südtunesischen Standorten sind nicht nur das europäische Führungspersonal, sondern auch die früher so zahlreichen tripolitanischen und algerischen Arbeiter fast vollständig abgezogen. Erhalten hat sich eine Viertelsgliederung nach sozialen und stammesmäßigen Kriterien. Wegen der nicht gerade angenehmen Arbeitsbedingungen (s. *Figur 2*) sind Fluktuation, Absentismus (unentschuldigtes Fehlen am Arbeitsplatz) und Streikfreudigkeit der Arbeiter auch heute noch, wie in der Kolonialzeit, relativ hoch.

Figur 2   Mundloch eines Stollens des Phosphatbergwerks M'Dilla (Südtunesien). 31. 3. 1968

3.1.2 Der Eisenerzbergbau

Die wichtigsten Eisenerzvorkommen des Kartenblattes N 12 finden sich im Tell beider-seits der tunesisch-algerischen Grenze. Neben den beiden Hauptzentren Djebel Djerissa und Djebel Ouenza — Djebel bou Khadra — auf sie entfallen jeweils 80—90 % der Lan-desförderung — werden noch die kleineren Vorkommen Tamera — Douaria, Nebeur und Khanguet el Mouhad abgebaut. Die Vorkommen zählen zu den metasomatischen Lagerstätten, eingelagert in die mesozoischen Kalke des Atlassystems. Djebel Ouenza und Djebel Djerissa sind isolierte Kalkstöcke, welche die 600 m über NN liegende Tellhoch-fläche noch um etwa 600 m überragen. Die Lagerstätten bestehen in ihrer Kernzone aus Hämatit, das in Ouenza von einem Mantel aus Brauneisenerz (Limonit), in Djerissa von einem Sideritmantel umgeben ist. Der Fe-Gehalt erreicht in den Kernzonen 58—62 %, sinkt aber zum Rande der Mineralisationszone auf 45 % ab. In Djerissa ist der Hämatit-stock weitgehend abgebaut, für Ouenza wird noch ein Vorrat von 150 Mio. t angegeben (F. Tomas 1970, S. 44). Wegen ihres Kalkgehaltes von ca. 5 % eignen sich die Erze von Ouenza und Djerissa gut zur Verhüttung und können daher auch mit reicheren Übersee-erzen noch gut konkurrieren. Dagegen sind die Erze von Tamera — Douaria wegen ihres Arsengehaltes heute schwer verkäuflich.

Die Erschöpfung der hämatitischen Erze von Djebel Djerissa wird in absehbarer Zeit den Eisenerzexport zum Erliegen bringen. Wurden 1970 bei einer Gesamtförderung von 773 000 t noch 628 500 t exportiert (Statistiques Financières No. 49, 1978, S. 65, 74), so war bis 1977 die Förderung auf 343 000 t abgesunken, von der lediglich 55 000 t ausge-führt wurden; das Gros der Förderung wird heute für das Eisenhüttenwerk El Fouladh benötigt (s. *Tab. 5*). Von der algerischen Erzförderung ging bisher noch der überwiegende Teil in den Export (1974: 3 165 000 t von einer Gesamtförderung von 3 797 000 t). Mit Ausdehnung der Roheisenkapazität des Eisenhüttenwerkes El Hadjar auf 2 Mio. t wird ab etwa 1980 die gesamte ostalgerische Erzförderung für den Binnenmarkt benötigt, der 1975 erst 732 000 t abnahm (Annuaire Statistique de l'Algérie 1976, S. 224). In den ost-algerischen Eisenerzgruben sind 2 800, in den tunesischen Bergwerken 1 900 Personen beschäftigt.

Tabelle 5   Förderung und Export tunesischer Eisenerze

	Förderung (1 000 t)	Export (1 000 t)		Förderung (1 000 t)	Export (1 000 t)
1966	1 287,0	876,3	1972	890,4	664,1
1967	1 003,0	774,9	1973	808,5	423,8
1968	1 016,0	653,9	1974	818,1	526,4
1969	945,0	567,5	1975	616,0	295,6
1970	773,0	628,5	1976	494,3	112,6
1971	942,8	812,2	1977	342,9	55,0

Quelle: Statistiques Financières No. 49 (1978, S. 65, 74)

3.1.3 Sonstiger Bergbau

Im Tell kommen Buntmetallerze, besonders Blei und Zink, in geringem Maße auch Kupfer in zahlreichen kleinen Lagerstätten vor. Auf tunesischer Seite sind gegenwärtig 17, auf der algerischen Blatthälfte 3 Abbaustellen in Betrieb. Neben den wenigen großen, kapitalintensiven Gruben gibt es eine Anzahl von kleinen Abbaustellen, in denen das Erz oft noch in archaischer, vorindustrieller Weise gewonnen wird (s. *Fig. 3*). Alle Blei- und Zinkgruben des Kartenblattes beschäftigen 4 300 Arbeitskräfte; davon sind allein 1 100 in dem tunesischen Bergwerk Djebel Hallouf tätig. Die meisten Gruben haben nur 200—400 Arbeitnehmer. Aus diesem Grund entstanden durch den Buntmetallbergbau keine Bergbausiedlungen wie beim Phosphat- und Eisenerzbergbau. Die gesamte Bleierzförderung Tunesiens wird in der Hütte Mégrine bei Tunis zu Rohblei verarbeitet. Die Schwerpunkte des algerischen Blei- und Zinkbergbaus liegen im Westen des Landes, außerhalb des Kartenblattes. Dort wurde 1974 in Ghazaouet eine Zink-Elektrolyseanlage mit einer Kapazität von 40 000 t Zink in Betrieb genommen.

Die übrigen bergbaulich genutzten Mineralien sind von untergeordneter Bedeutung. Das 1966 entdeckte Quecksilberlager von Ismail hatte die Errichtung einer Förder- und Aufbereitungsanlage mit 300 Beschäftigten zur Folge. Die Produktion der tunesischen Grube Djebel Arja (125 Beschäftigte) sank von 11 t (1968) auf nur noch 2,9 t (1974).

Figur 3   Primitive Erzwäsche im Bleibergwerk Djebel Trozza (Mitteltunesien). 10. 3. 1968

Seit 1968 werden die tunesischen Flußspatlager von Djebel Oust und Hammam Zriba ausgebeutet. Die Produktion (1973: 46 600 t, 1977: 28 857 t) wird seit 1976 zum überwiegenden Teil in zwei Werken in Gabès verarbeitet.

Zur Montanwirtschaft muß auch die Gewinnung von Meersalz gerechnet werden. Die Karte N 12 enthält die vier Salinen von Annaba, Tunis, Sahline bei Monastir und Sfax. Sie beschäftigen jeweils etwa 50 Arbeitskräfte. In den vier tunesischen Salinen werden jährlich 200 000—400 000 t Salz gewonnen, wobei die Produktion stark von den meteorologischen Verhältnissen des jeweiligen Sommers abhängig ist. Für den Landesbedarf genügen ca. 30 000 t, der Großteil wird exportiert.

3.2 Die Energiewirtschaft

Wie kaum ein anderer Wirtschaftszweig hat sich die Energieversorgung Algeriens und Tunesiens in den letzten beiden Jahrzehnten gewandelt. Aus Energie-Importländern wurden nach der Entdeckung der Erdöl- und Erdgaslagerstätten Energie-Exporteure. Bis zu diesem Zeitpunkt war die wichtigste Primärenergiequelle die Steinkohle, die größtenteils aus Europa importiert wurde. Die Energiekosten waren entsprechend hoch, sie galten während der Kolonialzeit als objektiver, schwer zu überwindender Standortnachteil für eine umfangreichere Industrialisierung. „Der Mangel an Kohle und die geringen Wasserkräfte werden immer ein Hindernis für die Entwicklung größerer Industrien sein . . .“ (PASCHEN 1941, S. 1024).

3.2.1 Die Primärenergiequellen

Die wichtigsten Öl- und Erdgaslager Algeriens und Tunesiens befinden sich in der Sahara, außerhalb des Kartenbereichs. Im Stichjahr 1971 förderte im Bereich der Karte N 12 lediglich das kleine mitteltunesische Erdölfeld Douleb, dessen Produktion von 160 000 t (1971) über eine Sechs-Zoll-Leitung zum Exporthafen Skhira fließt. Nach Fertigstellung des Kartenentwurfs wurden noch die kleineren Felder Bir Litayem und Bhirat (auch Baharat geschrieben) in der Nähe von Sfax, das Feld Tamesmida bei Thala sowie vor allem die ergiebige Off-Shore-Lagerstätte Ashtart im Golf von Gabès (1975: 2,3 Mio. t) erschlossen. Dank dieser neuen Vorkommen ist es gelungen, den Rückgang der Förderung im bisher wichtigsten Feld El Borma (außerhalb der südlichen Kartenblattgrenze) von 3,9 Mio. t (1971) auf 1,5 Mio. t (1976) zu kompensieren. Die algerischen Erdölfelder befinden sich außerhalb des Kartenblattes, das aber von zwei wichtigen Erdölleitungen gequert wird. Die Pipeline In Amenas — Skhira (24 Zoll Durchmesser, Kapazität: 17 Mio. t) wurde bereits 1959 eröffnet und dient dem Abtransport des Öls aus dem Becken von Edjeleh. Die Leitung Haoud el Hamra — Skikda (34 Zoll Durchmesser, 30 Mio. t) war zum Stichjahr 1971 noch im Bau (auf der Karte N 12 noch nicht dargestellt) und wurde 1973 eröffnet.

Die tunesische Erdölförderung (s. *Tab. 6*) wird so gut wie vollständig exportiert, während gleichzeitig der Bedarf der Raffinerie von Bizerte importiert wird (1977: 1,034 Mio. t). Eine zweite tunesische Raffinerie ist für den Standort Gabès vorgesehen. Bei einer Kapazität von 3 Mio. t würde sie den überwiegenden Teil der heutigen Förderung verarbeiten können. Algerien unternimmt große Anstrengungen, seine Raffinerieka-

Tabelle 6   Die Entwicklung der Erdölförderung Algeriens und Tunesiens

	Algerien (Mio. t)	Tunesien (Mio. t)		Algerien (Mio. t)	Tunesien (Mio. t)
1958	0,4	—	1973	50,9	3,88
1960	8,6	—	1974	47,2	4,13
1966	33,9	0,77	1975	45,8	5,02
1970	48,2	4,15	1976	50,1	3,71
1971	37,1[a]	4,10	1977	53,5	4,27
1972	50,1	3,98			

[a] Nationalisierung

Quellen: ANNUAIRE STATISTIQUE DE L'ALGÉRIE (1970, S. 130; 1976, S. 213) — EL MOUDJAHID v. 17. 1. 1978 — STATISTIQUES FINANCIÈRES No. 49 (1978, S. 65)

pazität aufzustocken. Außerhalb des Kartenbereiches sind die Raffinerien von Algier (2,7 Mio. t), Arzew (2,5 Mio. t) und Hassi Messaoud (0,2 Mio. t) in Betrieb sowie für Bejaia eine Anlage von 7,5 Mio. t projektiert. Im Kartenbereich ist die Raffinerie Skikda (15 Mio. t) im Bau. Alle Anlagen summieren sich zu einer Kapazität von 27,5 Mio. t; sie würden Algerien erlauben, die Hälfte seiner derzeitigen Förderung selbst zu verarbeiten.

So wichtig der Erdölexport gegenwärtig für Außenhandel und Staatshaushalt auch ist, so dürften die algerischen Erdgaslager für die Versorgung mit Primärenergie in Zukunft noch wichtiger werden. Diese Vorräte werden auf 3,5 Billionen m³ geschätzt, wovon allein 2 Billionen auf das Vorkommen von Hassi R'Mel entfallen. Die Vorräte Tunesiens sind demgegenüber sehr viel bescheidener. Bei der Erdölförderung in El Borma fallen jährlich 300 Mio. m³ an; möglicherweise lassen sich auch die mit der Öllagerstätte Ashtart gekoppelten Vorkommen kommerziell nutzen.

Die algerische Förderung, die 1961 erst 231 Mio. m³ betrug, ist nach dem Anlaufen der großen Exportkontrakte mit den USA und Westeuropa in den siebziger Jahren sprunghaft auf 4,0 Mrd. m³ (1973) und 6,0 Mrd. m³ (1975) angestiegen (ANNUAIRE STATISTIQUE DE L'ALGÉRIE 1976, S. 213). Der Eigenverbrauch belief sich 1975 erst auf 1,8 Mrd. m³, soll aber bis 1978 auf 3,5 Mrd. m³ steigen.

Im Bereich der Karte N 12 wurde Skikda zum Terminal einer 40-Zoll-Gasleitung mit zugehöriger Verflüssigungsanlage (s. *Fig. 4*) ausgebaut, eine weitere Exportleitung ist durch die Straße von Sizilien nach Italien projektiert. Da diese Leitung teilweise durch tunesisches Gebiet führt, soll Tunesien als Transitgebühr ca. 5 % des transportierten Gases erhalten.

Die großen Exportleitungen werden auch für die Landesentwicklung Algeriens herangezogen, indem alle größeren Städte durch Stichleitungen preiswert mit Gas versorgt werden. Die Transportkosten für den Binnenmarkt werden dadurch nahezu auf Grenzkostenniveau reduziert.

Figur 4   Erdgas-Verflüssigungsanlage Skikda. 28. 3. 1972

3.2.2   Die Elektrizitätsversorgung

Die Elektrizitätsversorgung nahm im Maghreb ihren Ausgang von den großen Städten; nur hier war unter der europäischen Bevölkerungsgruppe anfangs ein Abnehmerkreis in genügender Konzentration gegeben. Die Elektrifizierung der großen Städte setzte schon relativ früh ein (Tunis 1900, Sousse 1905, Sfax 1907). Dabei wurde eine Vielzahl von kleinen, isolierten Netzen mit unterschiedlicher Spannung und Frequenz errichtet, die untereinander nicht verbunden waren. Dazwischen erstreckten sich weite, ländliche Gebiete, die von der Stromversorgung nicht berührt wurden. Bei der Unabhängigkeitserklärung besaß lediglich das nördliche Tunesien ein Überlandnetz, das, vom Dampfkraftwerk La Goulette aus, die Städte Tunis, Bizerte, die Halbinsel Cap Bon, das Medjerdatal und die nordtunesischen Bergwerke versorgte. Von ihm getrennt war das Netz des Sahel von Sousse (Dieselkraftwerk von 5,4 MW), während die übrigen Städte lokale Dieselaggregate hatten. Erst in den Jahren 1963—1969 entstand die 450 km lange Hochspannungsleitung (150 kV) La Goulette — Sfax — Metlaoui — Kasserine — Tadjerouine (bei Djerissa), die Stromlieferungen von La Goulette nach Südtunesien ermöglichte. Sie ist in Tadjerouine an die ältere, von La Goulette ausgehende 90-kV-Leitung angeschlossen, so daß der tunesische Kernraum heute von einer Ringleitung umgeben ist.

Aus der Kolonialzeit stammen die beiden Verbindungen zwischen dem tunesischen und algerischen Netz, die heute nur noch gelegentlich, bei Stromausfällen, benutzt werden.

Sobald eine Stadt an das zentrale Netz angeschlossen war, wurden die lokalen Dieselgeneratoren stillgelegt bzw. als Reserveaggregate beibehalten. Die Stromgestehungskosten sanken dadurch bis auf ein Drittel des ursprünglichen Wertes.

Das algerische Elektrizitätsnetz war bereits am Ende der Kolonialzeit gut ausgebaut; von der 150-kV-Schiene Annaba — Constantine — Algier — Oran aus wurden alle größeren Städte nördlich der Sahara versorgt. Die forcierte Industrialisierung macht aber in Zukunft die Verstärkung des Netzes unumgänglich.

Die Stromerzeugung konzentriert sich nach der Stillegung der lokalen Dieselaggregate auf wenige größere Kraftwerke. Die ältesten thermischen Kraftwerke aus der Kolonialzeit, Annaba I und La Goulette I, wurden in den Häfen auf der Basis von Importkohle errichtet. Nach dem 2. Weltkrieg wurden im Rahmen der französischen Entwicklungspläne zunächst die Wasserkraftwerke, so z. B. in der Kabylei, ausgebaut. Da das hydroelektrische Potential Ostalgeriens und Tunesiens recht bescheiden ist, wurden hier im Rahmen des Medjerdaprojekts die drei kleinen Wasserkraftwerke Nebeur (13 MW), Fernana (10,3 MW) und El Aroussia (4,5 MW) errichtet. Ein älteres Kraftwerk nutzt das starke Gefälle des Oued Rhumel in der Schlucht von Constantine. Noch 1970 trugen die Wasserkraftwerke 34 % zur algerischen und 6 % zur tunesischen Stromerzeugung bei, bis 1975 waren die Anteile auf 10 % bzw. 2,5 % abgesunken.

Der seitdem erfolgte Ausbau der Kraftwerkskapazität erfolgte ausschließlich durch große thermische Werke auf der Basis von Erdgas (Annaba II, Ghannouche) oder Erdöl (La Goulette II).

Die Stromerzeugung ist in Algerien wie in Tunesien nach der Überwindung der durch die Entkolonialisierung bedingten Rezession kontinuierlich, mit hohen Zuwachsraten, gestiegen (s. *Tab. 7*).

3.3 Die verarbeitenden Industrien

Der Darstellung der verarbeitenden Industrien auf der Karte N 12 lagen grundsätzlich die zentralen Karteien der Industriebetriebe zugrunde, die im damaligen „Secrétariat d'État au Plan" in Tunis und im „Ministère de l'Industrie et de l'Énergie" in Algier unterhalten

Tabelle 7   Die Erzeugung elektrischer Energie in Algerien und Tunesien

	Algerien (Mio. kWh)	Tunesien (Mio. kWh)		Algerien (Mio. kWh)	Tunesien (Mio. kWh)
1938	277	67	1970	1 701	680
1950	586	120	1975	3 240	1 204
1961	1 358	282	1977	4 340	1 518
1965	1 093	340			

Quellen: Annuaire Statistique de l'Algérie (div. Jahrgänge) — Annuaire Statistique de la Tunisie (div. Jahrgänge)

werden[2]. Bei der Bereisung des Untersuchungsgebietes wurden die Angaben der Karteien bei Betriebsbesuchen überprüft. Dabei erwiesen sich ihre Angaben im allgemeinen als recht exakt; Ergänzungen waren vor allem bei neugegründeten Betrieben nötig, deren Belegschaft sich schnell vergrößerte. Zur Kontrolle der so gewonnenen Ergebnisse konnten für Tunesien detaillierte Industriestatistiken herangezogen werden[3]. Leider ist die regionale Differenzierung dieser Erhebungen zu grob, die einzelnen Industriezweige sind nur bis Gouvernoratsebene aufgeschlossen. Für die Lokalisierung der einzelnen Industriestandorte sind die Zählungen daher nur in Ausnahmefällen brauchbar. Wesentlich unzuverlässiger ist die algerische Industriestatistik[4]. Während die algerische Hälfte der Karte N 12 rund 18 000 Industriebeschäftigte wiedergibt, weist die amtliche Industriestatistik für die 4 Wilayas Annaba, Aurès, Constantine und Sétif lediglich 16 000 industrielle Arbeitnehmer aus. Allerdings erfaßte diese Erhebung nach eigenen Angaben selbst die Betriebe mit 20 und mehr Beschäftigten nur zu 80 %.

3.3.1 Die Nahrungs-, Genußmittel- und Getränkeindustrie

Die Lebensmittelindustrie zählt zu den ältesten Industriezweigen des Maghreb; sie wurde in der Kolonialzeit sowohl von der Agrarkolonisation wie von den Versorgungsbedürfnissen der wachsenden Städte induziert. Die Expansion des Anbaus der kolonialen Exportfrüchte (Weizen, Oliven, Wein, Obst und Gemüse) zog zwangsläufig Aufbereitungsindustrien nach sich, die ursprünglich überwiegend exportorientiert waren. Für die Versorgung der Städte mußten Brot- und Teigwarenfabriken, Brauereien, Molkereien, Tabakmanufakturen errichtet werden.

In Tunesien zählt die Lebensmittelindustrie auch heute noch zu den wichtigsten Industriezweigen, wenn sie auch nicht mehr die dominierende Stellung wie in der Kolonialzeit einnimmt. Dagegen ist sie in der ostalgerischen Blatthälfte mit zusammen 3 200 Beschäftigten relativ schwach vertreten, weil aus historischen und geographischen Gründen die Agrarkolonisation und folglich auch die Lebensmittelindustrie stärker auf Mittel- und Westalgerien konzentriert war. Die Lebensmittelindustrie der Maghrebländer wird sowohl durch einen ausgeprägten Saisoncharakter, wie auch durch starke Produktionsschwankungen von Jahr zu Jahr — je nach Ernteausfall — charakterisiert. Nach der tunesischen Industriezählung von 1969 standen den 9 730 Dauerarbeitskräften 9 157 Saisonbeschäftigte gegenüber. In einzelnen Branchen, etwa in der Fischkonservenindustrie, ist dieses Verhältnis noch viel ungünstiger.

Die 18 tunesischen Getreidemühlen wurden bereits zwischen 1900 und 1920 errichtet. Von ihnen haben 14 ihren Standort im Raum Tunis, zwei in Sousse und eine in Sfax. Abgesehen von der Mühle Ebba Ksour, die rohstofforientiert inmitten der Getreide-

---

[2] Die Auswertung dieser an sich streng vertraulichen Karteien war nur durch freundliches Entgegenkommen der zuständigen Ressortchefs möglich; die Karteikarten enthielten wertvolle Details über jeden einzelnen Betrieb (u. a. Angaben über Dauer- und Saisonbeschäftigte sowie quantitative und qualitative Angaben über die Produktion).

[3] RECENSEMENT DES ACTIVITÉS INDUSTRIELLES, Résultats 1966, 1969, Tunis.

[4] INDUSTRIE 1968. Algier

bauzone des nordwestlichen Tunesien liegt, haben alle Betriebe ihren Standort in Hafenstädten. Das ist nur teilweise mit Versorgungsfunktionen für die Städte, überwiegend mit
der ursprünglichen Exportorientierung zu erklären. Seit die Getreideernten nur noch in
extrem günstigen Anbaujahren Exportüberschüsse liefern, ist der Mehlexport praktisch
erloschen. Die Mühlen verarbeiten vielmehr in zunehmendem Maß Importgetreide.

Der algerische Blattanteil enthält mit der Hochfläche um Constantine ein ausgespro-
chenes Getreideanbaugebiet. Folglich sind hier 9 größere Getreidemühlen lokalisiert. Da
auch in Algerien der Mühlenbestand stark überaltert ist, hat der staatliche Mühlenkonzern
SEMPAC ein Neubauprogramm von 25 Großmühlen begonnen. Als Standort wurde u. a.
auch Batna gewählt.

In der Olivenölproduktion nimmt Tunesien nach Italien, Spanien und Griechen-
land die 4. Position unter den Erzeugerländern der Erde ein. Die Olivenernte unterliegt in
Abhängigkeit von der Variabilität der Niederschläge sehr starken Jahresschwankungen
(s. *Tab. 8*).

Die durchschnittliche Erntemenge je Kampagne konnte von 59 380 t (1960—1970) auf
119 570 t (1971—1977) verdoppelt werden, weil die Ölbaumfläche stark ausgeweitet und
moderne Anbaumethoden eingeführt wurden; außerdem erfuhr Tunesien in den siebziger
Jahren bisher nicht die Dürrejahre wie 1966—1969. Mit dieser Ausweitung der Produktion hielt allerdings die Aufnahmefähigkeit der ausländischen Absatzmärkte nicht Schritt.
Jede große Ernte stellt Tunesien heute vor Absatzprobleme, da der früher so wichtige
französische Markt durch protektionistische Maßnahmen der EG weitgehend verloren-
ging. Im Mittel der Jahre 1971—1977 war das Olivenöl mit 13,5 % an den gesamten tunesischen Exporten beteiligt. Neue Absatzmärkte konnten vor allem in Libyen erschlossen
werden.

Die Ölmühlen sind in ihrer überwiegenden Mehrzahl kleine Betriebe, die von der
Industriestatistik kaum erfaßt werden. Ihre Zahl in Tunesien wird von ORTNER-HEUN
(1970, Bd. 1, S. 203) für 1966 mit 2 182 angegeben; nach einer staatlichen Stillegungsak-
tion dürfte sie heute etwa 1 000 betragen. Die traditionellen Ölmühlen beschränken sich
auf das Mahlen und Auspressen der Oliven; den wenigen größeren Betrieben werden noch

Tabelle 8   Die tunesische Olivenölproduktion 1960—1977

Kampagne	Produktion (t)	Export (t)	Kampagne	Produktion (t)	Export (t)
1960/61	124 900	45 062	1969/70	27 000	22 818
1961/62	34 000	54 159	1970/71	90 000	62 400
1962/63	45 500	29 025	1971/72	160 000	126 000
1963/64	89 000	51 439	1972/73	70 000	51 000
1964/65	95 400	46 268	1973/74	130 000	82 000
1965/66	52 500	40 772	1974/75	117 000	50 400
1966/67	19 500	22 013	1975/76	180 000	70 100
1967/68	51 000	33 555	1976/77	90 000	50 800
1968/69	55 000	32 024			

Quellen: STB, EXERCICE (1971, S. 3); — STATISTIQUES FINANCIÈRES No. 48 (1978, S. 63, 74)

Figur 5 Kolonialzeitliche Industriebetriebe (Ölmühlen, Seifenfabriken) am Hafen von Sousse.
18. 4. 1969

Anlagen zum Raffinieren des Öls (Säureentzug) und zur Seifenerzeugung aus dem Öl der Olivenkerne nachgeschaltet (s. *Figur 5*).

Die Ölgewinnung unterliegt dem Rhythmus der Saison, die zwischen November und Februar in der Regel nur 80 Tage dauert; der allergrößte Teil der Beschäftigten dieser Branche sind nur Saisonarbeiter. Als Aufbereitungsindustrien sind die Ölmühlen eng an die Anbaugebiete gebunden. Die wichtigsten Produktionsgebiete bilden die südtunesischen Sahels von Sfax und Zarzis mit einem Anteil von etwa 50 %, während der Sahel von Sousse 40 % und Nordtunesien lediglich 10 % der Landesproduktion liefern.

Demgegenüber ist die ostalgerische Olivenölerzeugung mit etwa 5 000 t relativ unbedeutend. Im ostalgerischen Kartenanteil konnten 6 größere Ölmühlen lokalisiert werden.

Die Konservenindustrie des östlichen Maghreb hat ihren Ursprung in der späten Kolonialzeit. Tunesien zählte 1938 erst zwei Frucht- und Gemüsekonservenfabriken sowie eine Thunfischeinlegerei, doch erlebte die Branche in den Jahren der Mangelwirtschaft um 1945 eine Expansionsphase. Bis 1955 war die Anzahl der Betriebe in Tunesien auf 25 gestiegen, die 3 000—4 000 t Obst- und Gemüsekonserven sowie 5 000 t Fischkonserven produzierten (LEPIDI 1955, S. 59).

In der Postkolonialzeit wurden nach dem Ausbau der Bewässerungsfläche neue Betriebe, u. a. in Kairouan und Bejaoua, errichtet. Nach dem Abschluß des Assoziierungsabkommens mit der EG kamen vereinzelte Zweigbetriebe europäischer Firmen hinzu, die für den Export nach Europa produzieren sollen.

Tunesien hat z. Z. 38 Betriebe der Konservenindustrie, von denen aber nur 3 mehr als 50 Personen ganzjährig beschäftigen. Der Saisonrhythmus ist in Produktion und Beschäftigtenstand stark spürbar. Bei einer Industriezählung hatte die Branche am Stichtag des 2. Januar 1969 nur 785 Arbeitskräfte, sie hatte aber im Verlauf des Jahres 1968 8 000 Personen durchschnittlich 75 Tage beschäftigt. Die Saison der Fischkonservenindustrie erstreckt sich von Mai bis Oktober. Die Obst- und Gemüsekonservenindustrie Tunesiens hat ihre Standorte hauptsächlich in Tunis sowie im Hauptanbaugebiet, auf der Halbinsel Cap Bon. Die Fischkonservenindustrie konzentriert sich vor allem auf die Fischereihäfen Mahdia, Sousse und Sidi Daoud.

Die gut entwickelte Konservenindustrie Algeriens hat ihre Standorte in den Intensivkulturgebieten West- und Mittelalgeriens. Im ostalgerischen Blattanteil finden sich nur wenige nennenswerte Betriebe in Annaba (170 Beschäftigte) sowie ältere Fischkonservenfabriken in Collo, Skikda und El Kala.

Eine Zuckerindustrie wurde im Maghreb erst in der Postkolonialzeit aufgebaut. Während der Kolonialherrschaft wurde der relativ hohe Zuckerbedarf der Bevölkerung (20—25 kg je Kopf und Jahr) ausschließlich durch Importe aus Frankreich und der französischen Karibik gedeckt. Um die hohen Devisenausgaben für den Zuckerimport wenigstens teilweise einzusparen, bauten alle Maghrebländer — das gilt vor allem für Marokko — nach Erringung der Unabhängigkeit eine eigene Zuckererzeugung auf.

Als eine der ersten Industriebetriebe des unabhängigen Tunesien nahm 1962 die Zuckerfabrik von Béja mit 380 Beschäftigten den Betrieb auf. Dieser Binnenstandort wurde gewählt, weil in einem bisher fast ausschließlich durch Getreidemonokultur geprägten Agrarraum durch die Einführung des Zuckerrübenanbaus die Bodennutzung diversifiziert werden sollte.

Der Betrieb ist sowohl als Rübenzuckerfabrik wie als Raffinerie angelegt. Außerhalb der Rübenkampagne, die von Mitte Juni bis Mitte August dauert, wird importierter Rohzucker raffiniert. Aus betriebswirtschaftlicher Sicht arbeitet die Zuckerfabrik recht erfolgreich, kann sie doch als eine der wenigen jungen Industrieansiedlungen sogar eine Dividende ausschütten. Die erhofften volkswirtschaftlichen und innovatorischen Effekte, die mit dieser Industrieansiedlung verknüpft wurden, haben sich dagegen nicht erfüllt. Es ist bisher nicht gelungen, die Anbauflächen für Zuckerrüben über 3 000—3 500 ha auszuweiten. Daher entfallen von der Gesamtproduktion der Fabrik von jährlich 50 000—55 000 t Weißzucker lediglich etwa 10 000 t aus der tunesischen Zuckerrübenernte, das Gros bildet Raffinadezucker aus importiertem Rohzucker. Der tunesische Bedarf an Zucker muß daher nach wie vor zu 96 % durch Importe gedeckt werden; das Land ist von einer autarken Zuckerversorgung weiter entfernt denn je. Eine Verbesserung des Selbstversorgungsgrades könnte sich durch die Ausweitung der bewässerten Rübenanbaufläche im Medjerdatal ergeben.

Im algerischen Bereich der Karte N 12 wurde zwischen 1969 und 1974 eine Zuckerfabrik in Guelma errichtet, die angesichts des Stichjahres 1969 nicht berücksichtigt werden konnte. Die Anlage soll aus 150 000 t Rüben und 60 000 t Importzucker jährlich 80 000 t Weißzucker herstellen, sie hatte aber 1977 noch nicht das Stadium des Probebetriebes verlassen. Die Hauptschwierigkeit dürfte die Einführung der Rübenkultur sein. Der Anbau der Zuckerrübe wirft hier angesichts des andersartigen Anbaurhythmus — Aussaat im Herbst, Ernte im Hochsommer — größere Probleme auf als in Mitteleuropa.

Auch die Errichtung von Molkereien dient vornehmlich der Importsubstitution, müssen doch in allen Maghrebländern große Quantitäten von Milch (Kondensmilch, Trockenmilch) und Milchprodukten eingeführt werden. In der Postkolonialzeit wurden moderne Molkereien in Tunis, Sfax und Annaba errichtet. Ihre Kapazitäten sind jedoch wegen der unzureichenden Frischmilchanlieferungen nicht ausgelastet. Das Problem der Milchversorgung der Bevölkerung ist vor allem in der heißen Jahreszeit nicht gelöst.

Einen Strukturwandel erfuhr die Getränkeindustrie der Maghrebländer in der Postkolonialzeit. Die islamischen Staaten forcierten vor allem die Erzeugung alkoholfreier Getränke wie Mineralwasser und Brausegetränke. Moderne Abfüllanlagen nutzen die Mineralquellen von Korbous, Ksour und Enfida in Tunesien. Die früher marktbeherr-schenden französischen Marken sind heute kaum noch im Handel.

Der Ausstoß der Brauereien war nach dem Abzug der europäischen Bevölkerung zunächst stark rückläufig; inzwischen steigt der Konsum bei der städtischen Bevölkerung wieder an, außerdem bilden die Touristen in Tunesien einen interessanten neuen Markt. Braustätten finden sich im Bereich der Karte in Tunis und Annaba; die aus der Kolonial-zeit stammenden Betriebe von Constantine und Skikda wurden nach 1962 stillgelegt.

Die Tabakindustrie, in beiden Maghrebländern seit der Kolonialzeit Monopol des Staates, kann den Landesbedarf an Tabakwaren im wesentlichen decken. Der Kartenbe-reich enthält die beiden Manufakturen von Constantine (500 Beschäftigte) und von Tunis (835 Beschäftigte), die jährlich etwa 5 000 t Tabak verarbeiten. Wichtige Tabakanbauge-biete befinden sich in der Ebene von Annaba (ACHENBACH 1971, S. 171) sowie in Nordtu-nesien.

3.3.2 Die Textil- und Bekleidungsindustrie

Der Aufbau einer Textil- und Bekleidungsindustrie ist in den Maghrebländern im wesent-lichen erst in der Postkolonialzeit erfolgt. Die Herstellung von Garnen und Geweben erfolgte in Tunesien während der Protektoratszeit durch Handwerksbetriebe, welche der Konkurrenz der Industrie widerstanden hatten. Einige kleinere Webereien waren um 1955 mit Maschinen ausgestattet und befanden sich auf der Vorstufe industrieller Produktion. VIBERT (1956, S. 33) gibt für diesen Zeitpunkt 20 Betriebe mit zusammen 700 Beschäftig-ten an. Die Importe von Textilien beliefen sich 1954 auf 9,2 Mrd. (alte) Francs, sie hatten einen Anteil von 15,5 % an den gesamten Importen. Auch der algerische Textilbedarf wurde noch 1960 zu 90—95 % durch Importe, fast ausschließlich aus Frankreich, gedeckt. Die beiden Maghrebländer bildeten für die französische Textilindustrie einen geschützten Absatzmarkt. Die algerische Textilindustrie beschäftigte 1960 in 40 Betrieben lediglich 2 300 Personen (MARCHÉS TROPICAUX ET MÉDITERRANÉENS v. 25. 3. 1961, S. 864), sie hatte ihre Standorte fast ausschließlich in den Räumen Algier, Oran und Tlemçen.

Es ist verständlich, daß beide Staaten diese typisch koloniale Versorgungsstruktur bald-möglichst zu verändern suchten. Die Motive für den Aufbau einer eigenen Textilindustrie waren einerseits der Zwang der Devisenersparnis und Importsubstitution, andererseits die

Tatsache, daß dieser Industriezweig arbeitsintensiv ist und seine Technologie sich relativ leicht meistern läßt.

Tunesien errichtete zwischen 1959 und 1969 mit öffentlichen Mitteln sechs moderne Textilbetriebe, die seit 1967 in einem Konzern (SOGITEX) zusammengefaßt sind und etwa 3 300 Personen beschäftigen. Neben diesem staatlichen Sektor sind eine Fülle von privaten Spinnereien und Webereien entstanden, die teils als Zulieferer der Staatsbetriebe arbeiten, teilweise aber auch Marktnischen ausnutzen; in den siebziger Jahren entstanden eine Anzahl von ausländischen Zweigbetrieben, die vornehmlich für den Export produzieren. Für arbeitsintensive Fertigungen bildet das niedrige Lohnniveau Tunesiens — der Stundenlohn lag 1975 zwischen 0,84 DM und 1,80 DM — einen attraktiven Standortfaktor.

Die Rohstoffversorgung der maghrebinischen Textilindustrie muß überwiegend durch Importe erfolgen, was gelegentlich wegen Devisenmangel zu Produktionsausfällen führt; zwar ist der Schafbestand der Maghrebländer sehr hoch, der Wollertrag ist jedoch gering und von minderer Qualität; er wird größtenteils von den Haushalten absorbiert. Der Anbau von Baumwolle ist in Tunesien unbedeutend; Ostalgerien besitzt in der Ebene von Annaba ein kleines Anbauzentrum mit ca. 3 000 ha, doch wird die hochwertige Ernte exportiert (ACHENBACH 1971, S. 171). Den Bedarf an synthetischen Fasern müssen beide Staaten vorläufig noch völlig durch Importe decken; nach Fertigstellung der Kunstfaserfabrik von Tlemçen will Algerien seinen Bedarf weitgehend selbst produzieren.

Die tunesische Textilindustrie konzentriert sich in Tunis und im Sahel von Sousse-Monastir. Der Standort Tunis wird vor allem von Privatbetrieben bevorzugt, welche die Agglomerationsvorteile der Metropole nützen. Der halbstaatliche Textilkonzern SOGITEX unterhält lediglich einen großen Textilveredlungsbetrieb (700 Beschäftigte) im südlichen Industrievorort Bir Kassâa. Im Sahel von Sousse sind vier Großbetriebe der Staatsgesellschaft angesiedelt: eine Baumwollspinnerei in Sousse (600 Beschäftigte), eine Spinnerei und Weberei für Wolle, Zellwolle und Baumwolle in Monastir (500 Beschäftigte), die größte Baumwollspinnerei des Landes in Ksar Hellal (1 100 Beschäftigte) sowie eine Weberei für synthetische Stoffe in Moknine (185 Beschäftigte). Daneben entstanden eine Anzahl privater Textilbetriebe in verschiedenen Städten und Großdörfern des dicht besiedelten Sahel von Sousse-Monastir. Bei der Ansiedlung der Textilbetriebe im Sahel war vor allem das reichliche Angebot an geschulten Arbeitskräften standortbestimmend, war doch im Raum Ksar Hellal seit dem ausgehenden 19. Jahrhundert die Handweberei stark entwickelt. Die staatlich gelenkte Ansiedlung der Textilindustrie im Sahel von Sousse-Monastir bietet somit das aus Europa vertraute Bild der industriellen Entwicklung aus handwerklicher Wurzel, das in Entwicklungsländern nicht eben häufig ist. In der Stadt Sfax entstanden durch unternehmerische Aktivitäten des kapitalkräftigen Bürgertums der Stadt eine Anzahl kleinerer Spinnereien und Webereien.

Im algerischen Blattbereich hat der staatliche Textilkonzern SONITEX bereits in den Jahren 1963—1967 die beiden Baumwollspinnereien und -webereien Constantine (500 Beschäftigte, s. *Figur 6*) und Batna (800 Beschäftigte) errichtet, die seitdem noch erweitert wurden. Die private Textilindustrie spielt dagegen in Ostalgerien keine Rolle.

Bei einer Gesamtwertung muß man den Aufbau der tunesischen und algerischen Textilindustrie als Erfolg der postkolonialen Industrialisierungspolitik sehen. Der Grundbedarf

Figur 6   Baumwollspinnerei und -weberei am Stadtrand von Constantine. 27. 3. 1969

der Bevölkerung an Geweben wird heute im Lande gedeckt. Darüber hinaus wurden zumindest in Tunesien Produktionskapazitäten aufgebaut, welche den Landesbedarf weit übersteigen (s. *Tab. 9*).

Der tunesische Staatskonzern ist heute gezwungen, die Hälfte seiner Produktion zu exportieren (STB, EXERCICE 1977), stößt dabei aber auf die 1977 erlassenen Einfuhrbeschränkungen der Europäischen Gemeinschaft. Auf dem Binnenmarkt trifft die tunesische Textil- und Bekleidungsindustrie übrigens auf die Konkurrenz der aus den Industrieländern importierten Altkleider (1974: 14 300 t)! Die Karte N 12 spiegelt den Stand des Jahres 1968 wieder, als die tunesische Textilindustrie 23 Betriebe mit 4 900 Beschäftigten zählte; bis 1975 erhöhten sich die Werte auf 35 Betriebe mit 8 100 Arbeitnehmern (ANNUAIRE STATISTIQUE DE LA TUNISIE 1970/71, S. 262; 1974/75, S. 217).

Aus den gleichen Gründen wie im Falle der Textilindustrie wurde in der Postkolonialzeit der Aufbau einer Bekleidungsindustrie vorangetrieben, die vorher nur in Ansätzen vorhanden war. In beiden Maghrebstaaten gingen die ersten Impulse zunächst von staatlichen Konzernen aus. Der tunesische Staatskonzern arbeitete aber so unwirtschaftlich, daß ab 1967 die meisten seiner Betriebe privatisiert wurden. Dieser Industriezweig ist heute eine Domäne des tunesischen und ausländischen Privatkapitals. Da in dieser Branche wie in kaum einer anderen die Übergänge zum Handwerk sehr fließend sind, bereitet

Tabelle 9   Die Entwicklung der tunesischen Textilproduktion

	Garne (t)		Gewebe (km)		
	Baumwolle	Wolle	Baumwolle	Wolle	Sonstige Gewebe
1966	3 431	451	23 232	319	22
1967	5 044	475	23 183	796	168
1968	4 108	325	21 374	680	556
1969	4 317	618	23 375	839	1 312
1970	5 148	1 656	23 624	1 162	6 160
1971	5 533	631	22 605	1 192	6 478
1972	9 610	822	26 183	896	5 273
1973	8 100	1 758	18 101	1 147	5 103
1974	8 007	2 148	29 055	1 082	7 428
1975	7 387	2 104	21 438	1 162	9 717

Quellen: ANNUAIRE STATISTIQUE DE LA TUNISIE 1970/71, S. 262; 1974/75, S. 217

eine vollständige Erfassung der Betriebe große Schwierigkeiten. Die — sicherlich unvollständige — tunesische Industriestatistik gibt für 1969 113 Betriebe mit 5 300 Beschäftigten an — ein Stand, den die Karte N 12 in etwa wiedergibt. Im Rahmen ihres Exportindustrie-Förderungsgesetzes vom April 1972 hat die tunesische Regierung den Aufbau von Zweigbetrieben europäischer und amerikanischer Konfektionsfirmen stark begünstigt, vor allem, um mit der Schaffung von Arbeitsplätzen der wachsenden Arbeitslosigkeit zu begegnen. In den folgenden Jahren haben viele ausländische Firmen den arbeitsintensiven Teil ihrer Fertigung nach Tunesien verlegt. Dabei werden die Stoffe in der Regel importiert, in Tunesien verarbeitet und wieder exportiert, vor allem in die EG-Länder. Die Entwicklungsimpulse, die von dieser allein auf dem niedrigen Lohnniveau des Landes aufgebauten Exportkonfektion ausgehen, dürften gering sein (s. dazu BOLZ 1976, S. 192).

Die tunesische Bekleidungsindustrie konzentriert sich, ähnlich wie die Textilindustrie, auf Tunis und auf den Sahel von Sousse. Für Tunis sprechen die Agglomerationsvorteile der Metropole und ihre guten Verkehrs- und Telekommunikationsmittel zu Europa, der Sahel von Sousse verfügt über ein reichliches Angebot von geschickten Arbeitskräften in konzentrierter Siedlungsweise.

Algerien errichtete im Rahmen eines ersten Industrialisierungsplanes von 1963 zunächst 25 staatliche Konfektionsbetriebe, die seit 1972 dem Monopolkonzern SONITEX eingegliedert sind. Die Karte N 12 enthält die Betriebe von Constantine, Annaba, Khenchela, Souk Ahras, Ain Beida, Guelma und Tébessa. Sie sind auf die Produktion von Hemden und Arbeitsbekleidung spezialisiert. Die Verteilung der Standorte macht deutlich, daß sie vor allem aus sozialen und regionalpolitischen Motiven ausgewählt werden. Während sich die private tunesische Konfektionsindustrie auf die optimalen Küstenstandorte konzentriert, werden die staatlichen algerischen Betriebe dispers an peripheren Binnenstandorten angesiedelt.

3.3.3   Lederverarbeitung und Schuhindustrie

Die Lederverarbeitung zählt zu den alten handwerklichen Traditionen der Maghrebländer.

Die Gerbereien Tunesiens umfassen neben einer Vielzahl von kleinen Handwerksbetrieben 6 moderne Anlagen mit zusammen 300 Beschäftigten. Sie sind mit einer Ausnahme (Sfax) alle in Tunis angesiedelt. Ihre Kapazität reicht voll aus, um das Aufkommen des Landes an Häuten zu verarbeiten. Der ostalgerische Blattanteil enthält lediglich einen Kleinbetrieb in Constantine. In Batna wurde 1968—1970 eine Weißgerberei (Kapazität: 1 500—2 000 t/Jahr) errichtet, welche die Ziegenhäute aus der Steppen- und Halbwüstenregion verarbeiten soll. Die Inbetriebnahme des 160 Arbeitskräfte zählenden Betriebs hatte sich bis 1973 verzögert, vor allem wegen Schwierigkeiten bei der Wasserbeschaffung.

Die Schuhindustrie der Maghrebländer konnte sich, ähnlich wie die Textilindustrie, erst in der Postkolonialzeit entfalten, als sie Schutz gegen Importe erhielt. Die Zahl der tunesischen Schuhfabriken stieg von 6 (1955) auf 20 mit 1 500 Beschäftigten (1970), die Produktion stieg von 2,6 Mio. (1965) auf 5,7 Mio. Paar (1975). Der Anstieg der industriellen Fertigung vor allem von billigen Gummi- und Plastikschuhen für die ärmeren Sozialgruppen hatte freilich einen stetigen Niedergang des Schuhmacherhandwerks zur Folge. Die algerische Schuhindustrie konnte ihren Ausstoß von 1,6 Mio. (1958) auf 19 Mio. Paar (1975) steigern. Im ostalgerischen Blattanteil sind lediglich eine staatliche Gründung in Tébessa sowie ein Privatbetrieb in Constantine lokalisiert.

3.3.4   Die Holz- und Korkverarbeitung

Die Holzproduktion der Maghrebländer ist relativ gering, wenn auch in den amtlichen Statistiken beachtliche Waldflächen auftreten (GIESSNER 1971, S. 393). Außerdem eignen sich die wichtigsten vorkommenden Holzarten kaum für eine industrielle Verwertung, sondern können nur als Brennholz oder Holzkohle verwertet werden. Bei dieser schmalen Rohstoffbasis hat Tunesien nur drei kleine Sägewerke, im algerischen Blattanteil konnten 5 lokalisiert werden, von denen 4 am Rande des Aurès-Gebirges liegen. Erwähnenswerte Neugründungen sind das mit deutscher Hilfe erbaute Sägewerk von Bouhmama (Aurès) (s. *Figur 7*) sowie eine Spanplatten- und Sperrholzfabrik in Bir Kassâa bei Tunis. Beide verarbeiten vor allem Aleppokiefern (*Pinus halepensis*).

Die holzverarbeitenden Gewerbe sind somit weitgehend auf die Einfuhr von Schnitt- und Sperrholz sowie Spanplatten angewiesen (1975: Tunesien 92 879 t, Algerien 224 000 t).

Tunesien hat etwa 60 holzverarbeitende Betriebe, von denen etwa die Hälfte Möbel herstellt, während es sich bei dem Rest um Bautischlereien und Kistenfabriken handelt. Davon sind aber nur 3 Einheiten in Monastir (430 AK), Jendouba (175 AK) und Menzel Bourguiba (330 AK) echte Industriebetriebe, während es sich bei den übrigen Unternehmen eher um Handwerksbetriebe handelt. Die algerische Blatthälfte enthält in Khenchela, Annaba und Constantine einige kleinere Möbelfabriken; ein größerer holzverarbeitender Betrieb ist für Batna vorgesehen. Er soll die Aleppokiefernbestände des Aurès besser nutzen.

Figur 7   Modernes Sägewerk in Bouhmama (Aurès). 12. 3. 1969

Die Korkeichenwälder (Korkeiche: *Quercus suber*) in den stark beregneten Gebirgen erbringen in Tunesien etwa 6 000—9 000 t, in Ostalgerien ca. 11 000 t Kork pro Jahr. Soweit sie nicht roh exportiert wird, wird die Korkernte zu Agglomeraten, Isolierkork und Flaschenkorken, verarbeitet. Die wichtigsten verarbeitenden Betriebe sind in Tunis (250 AK), Tabarka (300 AK), Annaba (110 AK) und Collo (400 AK). Jahrzehntelanger Raubbau hat die Erträge stark reduziert; waldbauliche Maßnahmen sind im Gange, um die überalterten und degradierten Bestände zu regenerieren. Die Korkernte gewährt einigen tausend Menschen für 2—3 Monate einen wichtigen Nebenerwerb in einer Region, in der gewerbliche Einnahmequellen rar sind. Die Aufrechterhaltung der Korkwirtschaft hat nicht nur einen ökologischen, sondern auch einen wichtigen sozialen Aspekt.

3.3.5   Zellulose- und Papiererzeugung, Druckereien

Das Halfagras (*stipa tenacissima*) der Feuchtsteppe wird seit dem Ende des 19. Jahrhunderts als Rohstoff für die Zellulose- und Feinpapiererzeugung genutzt. Getrocknet und zu Ballen gepreßt war es ein wichtiges Ausfuhrgut der Maghrebländer, das vor allem von schottischen und spanischen Papierfabriken abgenommen wurde. Neue technologische Verfahren in der Papierherstellung ließen das Halfagras um 1960 zu einem schwerverkäuflichen Gut werden, die Maghrebländer Algerien, Marokko und Tunesien entschlossen sich daher zum Aufbau von eigenen Verarbeitungsbetrieben. Neben wirtschaftlichen Gründen wie Devisenökonomie und Vergrößerung der Wertschöpfung waren auch soziale Motive für die Installierung der Zellulosefabriken ausschlaggebend, bildet doch das Sammeln von Halfagras eine wichtige Nebeneinnahme für Tausende von Familien in der Steppenregion. Die Ausdehnung des Ackerlandes in den feuchteren Regionen der Steppe sowie die Übernutzung der Bestände verursachten einen starken Rückgang der Erträge.

Die algerische Ernte sank von etwa 200 000 t (1950) auf 133 000 t (1974/75), die tunesische Ernte ging im gleichen Zeitraum von etwa 100 000 t auf 62 000 t zurück.

Als eines der ersten Industrieprojekte des unabhängigen Tunesien wurde 1961—1963 die Zellulosefabrik in Kasserine, inmitten der Steppe, realisiert. Um die anfangs unbefriedigende Rentabilität zu verbessern, wurde 1970 eine Papierfabrik angegliedert (s. *Fig. 8*). Der Komplex beschäftigt etwa 1 000 Arbeitnehmer, verarbeitet praktisch die gesamte Halfagrasernte Tunesiens und produziert etwa 20 000 t Zellulose und 22 500 t Papier (1977). Die Fabrik deckt damit etwa 40 % des wachsenden Papierbedarfs Tunesiens, daneben müssen noch 32 000 t (1975) importiert werden. Neben dieser Neugründung in der Steppe bestehen in Tunis noch zwei kleine Papierfabriken, die aus Altpapier jährlich etwa 4 000 t Packpapier herstellen.

Figur 8   Zellulose- und Papierfabrik (rechts) von Kasserine. 9. 4. 1972. Quelle: A. ARNOLD 1979, S. 142. © Geographische Gesellschaft zu Hannover.

Im Rahmen des 1. Vierjahresplans 1970—1973 errichtete der algerische staatliche Zellulosekonzern SONIC in Souk-Ahras, am Oberlauf der Medjerda, eine Papierfabrik (350 AK) zur Herstellung von Seiden- und Hygienepapier (in der Karte N 12 noch nicht erfaßt). Im übrigen wird die Halfagrasernte der ostalgerischen Steppe in Zellulosefabriken von Algier und Mostaganem (Westalgerien) verarbeitet, der Export ist seit 1973 praktisch erloschen.

Das Druckereigewerbe Tunesiens ist mit 50 Betrieben und 1 600 Beschäftigten gut entwickelt; mit Ausnahme von qualitativ hochwertigen Mehrfarbendrucken können die anfallenden Arbeiten im Lande selbst vorgenommen werden. Etwa 80 % der Betriebe und 85 % der Beschäftigten haben ihren Standort in der Landeshauptstadt. In der algerischen Blatthälfte sind lediglich in den beiden Oberzentren Annaba und Constantine moderne Druckbetriebe lokalisiert; das graphische Gewerbe ist ebenfalls zu einem hohen Prozentsatz in der Landeshauptstadt Algier konzentriert.

3.3.6 Die chemische Industrie

Die chemische Industrie im östlichen Maghreb ist durch eine sehr unausgeglichene Struktur gekennzeichnet. Einerseits existieren wenige Großbetriebe der Phosphatverarbeitung und Petrochemie[5], andererseits findet man eine größere Zahl von Kleinbetrieben unterschiedlicher Produktionsrichtung, die ihre Vorprodukte meist aus dem Ausland beziehen. Oft handelt es sich lediglich um Abfüll- und Verpackungsbetriebe.

Die Phosphatverarbeitung begann noch vor dem 1. Weltkrieg, als in Annaba und Djebel Djelloud bei Tunis zwei kleinere Fabriken die Produktion von Superphosphat (16 % P_2O_5) für den Binnenmarkt aufnahmen. Die Produktion dieser heute noch bestehenden Werke beläuft sich nur auf etwa 30 000 t/Jahr. Von weitaus größerer Bedeutung war die Errichtung von 2 Fabriken zur Produktion von Tripel-Superphosphat in Sfax (SIAPE 1952, NPK 1965). Dieser hochkonzentrierte Dünger mit einem Gehalt von 46 % P_2O_5 ist wegen seiner geringen Transportkostenempfindlichkeit vor allem für den Export bestimmt. Die Karte N 12 enthält noch nicht die phosphatverarbeitende Industrie (Herstellung von Phosphorsäure, Tripel-Superphosphat, Monoammonphosphat) von Gabès, die erst in den siebziger Jahren errichtet wurde. Am Beispiel der tunesischen Phosphatwirtschaft läßt sich beobachten, wie die unteren industriellen Verarbeitungsstufen von den Industrieländern zu den Rohstoffproduzenten verlagert werden (s. *Tab. 10*). Die Abhängigkeitsverhältnisse ändern sich damit kaum.

Im Gegensatz zu den extravertierten tunesischen Anlagen steht die 1972 eröffnete Düngerfabrik von Annaba im Dienste der autozentrierten Entwicklung Algeriens. Ihre Produktion von Super- und Ammoniumphosphat (ca. 500 000 t) soll ausschließlich der algerischen Landwirtschaft zugute kommen.

---

[5] Der große petrochemische Komplex von Skikda ist auf der Karte N 12 noch nicht enthalten. Im Jahre 1967 beschloß die algerische Regierung, hier in Verbindung mit einem Erdölterminal und einer Erdgasverflüssigungsanlage ein petrochemisches Werk zu errichten. Es soll auf der Basis des bei der Gasverflüssigung anfallenden Äthans (160 000 t/a) die Grundstoffe Äthylen, Polyäthylen und Polyvinylchlorid sowie Ammoniak herstellen. Die Anlagen sind auch heute (1979) noch nicht betriebsbereit.

Tabelle 10   Die tunesische Phosphatwirtschaft

	1960 (1 000 t)	1970 (1 000 t)	1977 (1 000 t)
Phosphatförderung	2 096	3 023	3 614
davon in Tunesien verarbeitet	350	760	1 805
Tripel-Superphosphat	125	382	489
davon exportiert	112	374	453
Phosphorsäure	—	—	221
davon exportiert	—	—	208

Quellen: ANNUAIRE STATISTIQUE DE LA TUNISIE (1960, S. 91) — STATISTIQUES FINANCIÈRES No. 49 (1978, S. 65, 66, 74).

Die übrige chemische Industrie des östlichen Maghreb besteht aus einer Vielzahl kleinerer und mittlerer Betriebe mit einer recht heterogenen Produktenpalette (Farben, Leime, Sprengstoffe, Azetylen, Gummiwaren, Arzneimittel). Die wichtigsten Standorte sind Tunis, Sousse und Menzel Bourguiba.

3.3.7   Baustoffe, Keramik, Glas

Die Baustoffindustrie zählt zu den ersten Industriezweigen des Maghreb, entstanden doch bereits gegen Ende des 19. Jahrhunderts im Gefolge der Kolonisation Ziegeleien und Kalkbrennereien. Der Bevölkerungsanstieg und die großen Entwicklungsprojekte bewirkten in der Postkolonialzeit eine derartige Steigerung der Bautätigkeit, daß sowohl in Algerien wie in Tunesien die Nachfrage nach Baustoffen der Produktion immer wieder vorauseilt. Die Versorgungslücken müssen durch Importe gedeckt werden.

Die Karte N 12 enthält eine Anzahl von älteren Ziegeleien in der Nähe der größeren Städte. Moderne Großbetriebe wurden in den sechziger Jahren in Djemmal, Jendouba, El Hamma und Batna errichtet. Bereits 1933 wurde die erste tunesische Zementfabrik in Djebel Djelloud, der Industriezone südöstlich von Tunis, eröffnet; 1953 folgte die Fabrik von Bizerte, die wegen ihrer Hafenlage ursprünglich als Exportbetrieb konzipiert war. Die Produktionskapazität der beiden Werke von 600 000 t überstieg anfangs den Landesbedarf, so daß noch 1969 157 000 t Zement exportiert werden konnten. Unbegreiflicherweise unterblieb ein weiterer Ausbau, so daß 1977 bei einer Eigenproduktion von 609 000 t noch 971 000 t importiert werden mußten. Die Eröffnung einer 3. Zementfabrik in Gabès (1977) mit einer Kapazität von 1 Mio. t und der 1976 begonnene Bau einer 4. Anlage im Binnenland bei Kalaâ Khisba dürften dem Land ab 1980 wieder die Selbstversorgung ermöglichen.

Ostalgerien besitzt erst seit 1973 eine Zementfabrik in Hadjar Soud, an der Bahnstrecke Annaba-Skikda, die aber auf der Karte N 12 wegen des Stichjahres 1969 noch nicht erfaßt ist. Trotz hoher Investitionen in dieser Schlüsselindustrie — zwischen 1969 und 1975 wurden 8 Zementfabriken bei ausländischen Lieferanten in Auftrag gegeben — stagnierte die Produktion des staatlichen Monopolkonzerns SNMC zwischen 1969 und 1975 bei jährlich 950 000 t, so daß 1976 Algerien 2 138 000 t Zement importieren mußte.

Bei rechtzeitiger Fertigstellung aller Projekte könnte das Land ab 1980 über eine Produktionskapazität von 6—7 Mio. t verfügen.

Verschiedene Betriebe der keramischen Industrie wurden im östlichen Maghreb im Rahmen der postkolonialen Autarkiebestrebungen errichtet. Fliesenfabriken arbeiten in Ibnou Ziad bei Constantine und in Tabarka. In Bizerte entstand mit italienischer Beteiligung eine Fabrik für Sanitärporzellan (185 AK), deren Jahresproduktion von 2 800 t den tunesischen Bedarf übersteigt. In Guelma wurde mit chinesischer Unterstützung auf der Rohstoffbasis von lokalen Kaolinvorkommen eine Fabrik für Tafelporzellan (780 AK; Kapazität: 3 000 t/a) gebaut.

Die einzige Glasfabrik des Kartenblatts produziert in Mégrine bei Tunis mit 250 Beschäftigten jährlich etwa 3 000 t Hohlglas.

3.3.8 Die Hüttenindustrie

Das Kartenblatt N 12 enthält 3 Hüttenwerke, die von erheblicher wirtschaftlicher Bedeutung für den östlichen Maghreb sind.

Die Bleihütte in Mégrine bei Tunis (300 AK) wurde schon vor dem ersten Weltkrieg gegründet. Sie verhüttet heute fast die gesamte Bleierzförderung Tunesiens und produziert jährlich etwa 20 000 t Weichblei, wovon drei Viertel exportiert werden.

Demgegenüber bilden die beiden Eisenhüttenwerke El Fouladh bei Menzel Bourguiba und El Hadjar bei Annaba Marksteine der postkolonialen Industrialisierungspolitik. Ihnen ist eine Schlüsselrolle bei der wirtschaftlichen Entwicklung der beiden Maghrebländer zugedacht. Sie sollen nicht nur die eigenen Erze verwerten, sondern auch Stahlimporte substituieren, Arbeitsplätze bieten und vor allem Impulse auf nachgeschaltete Wirtschaftszweige geben. Von Dimension und Zielsetzung differieren beide Hüttenwerke.

Das tunesische Werk El Fouladh wurde 1964—1965 primär aus sozial- und regionalpolitischen Erwägungen installiert, nachdem der Abzug der starken französischen Garnison (1963) die beiden Städte Menzel Bourguiba (früher Ferryville) und Bizerte ihrer wichtigsten ökonomischen Basis beraubt hatte (s. A. ARNOLD 1971, S. 312—313). El Fouladh ist ein vollintegriertes Hüttenwerk mit den folgenden Fertigungsstufen:
— Erzaufbereitungsanlage
— Hochofen (400 t Roheisen/Tag)
— Blasstahlwerk mit 2 LD-Konvertern von je 12 t (300 t Rohstahl/Tag)
— 2 Walzstraßen für Rund-, Vierkant- und Profilstähle
— Drahtzieherei (17 000 t/Jahr)
Mit 1 500 Beschäftigten und einer Kapazität von 180 000 t Roheisen und 100 000—150 000 t Rohstahl ist das Werk sehr klein dimensioniert, was die Rentabilität sehr stark beeinträchtigt. Als Rohstoffbasis dienen die tunesischen Eisenerzgruben von Tamera-Douaria (40 %) und Djebel Djerissa (60 %). Mit einem Verbrauch von jährlich 250 000—330 000 t Erz nimmt das Werk heute den überwiegenden Teil der stark rückläufigen Förderung Tunesiens ab (s. Tab. 5). Der Hochofenkoks (90 000 t/Jahr) wird über den nahen Hafen Menzel Bourguiba importiert. Nachdem anfangs ein Teil des Roheisens und selbst der Rundstähle (1970: 46 900 t) exportiert werden mußten, hat sich inzwischen

die Binnennachfrage nach Baustahl und Draht so belebt, daß seit 1975 der Export praktisch erloschen ist.

Das algerische Hüttenwerk El Hadjar, 14 km südwestlich des Hafens von Annaba gelegen, geht noch auf französische Planungen im Rahmen des „Plans von Constantine" zurück. Der algerische Staat übernahm 1964 das Projekt und paßte es den Bedürfnissen eines unabhängigen Landes an.

Der Standort wurde gewählt, weil der Hafen von Annaba seit den zwanziger Jahren die Eisenerze der ostalgerischen Gruben exportiert und es nur eines kurzen Stichgleises bedurfte, um die Erzversorgung sicherzustellen. Der Hochofenkoks (200 000 t, bei vollem Ausbau 1 Mio. t) wird über den Hafen von Annaba importiert. Auch die algerische Regierung entschied sich bei El Hadjar für den Typ des konventionellen vollintegrierten Hüttenwerks mit Erzaufbereitung, 2 Hochöfen, 2 Sauerstoffaufblas-Stahlwerken, je einem Kalt- und Warmwalzwerk sowie einer Abteilung für spiralgeschweißte Großrohre (400—1 100 mm Durchmesser) für den Erdöl- und Erdgastransport (s. *Fig. 9*). Die erste Ausbaustufe (1969—1973) war auf eine Kapazität von 400 000 t Rohstahl angelegt; in der Endstufe (1980) sollen 2 Mio. t produziert werden.

Die Beschäftigungsziffer des Werkes belief sich 1970 auf 3 500, eine Zahl, die auch der Darstellung auf der Karte N 12 zugrundeliegt. Mit dem raschen Ausbau der Hütte hat sich die Belegschaft laufend erhöht, ihre Zahl dürfte z. Z. (1979) bei 10 000—12 000 liegen.

Figur 9 Eisenhüttenwerk El Hadjar bei Annaba. Links der erste Hochofen. 1. 4. 1972

3.3.9   Die metallverarbeitende Industrie

Mit der Errichtung der beiden Eisenhüttenwerke verknüpften beide Maghrebstaaten die Hoffnung, daß sie durch Vorwärtskoppelungseffekte eine breite Palette von eisen- und stahlverarbeitenden Industrien induzieren sollten. Diese Erwartungen haben sich bisher nur bedingt erfüllt.

Von ihrer Betriebsstruktur her ist die metallverarbeitende Industrie des Untersuchungsgebiets durch ein Nebeneinander von wenigen modernen Großbetrieben und einer Fülle von Kleinbetrieben, die sich nur unscharf vom Handwerk abgrenzen lassen, gekennzeichnet.

Aus der Kolonialzeit stammen noch eine Anzahl von Gießereien in Annaba, Constantine, Menzel Bourguiba und Tunis. Sie fertigen Gußteile für Bergbau und Industrie; die Betriebe von Annaba und Sidi Fathallah bei Tunis sind mit Waggonbaubetrieben gekoppelt. Die Stahlbaufirmen von Annaba und Tunis haben sich im Gefolge der postkolonialen Baukonjunktur stark erweitern können.

Eine Vielzahl von Firmen befaßt sich mit der Produktion von Kleineisenwaren wie Behälter, Gasflaschen, Stahlmöbel, Werkzeuge, landwirtschaftliche Geräte, Lampen usw. Hauptstandorte sind Tunis, Sfax und Menzel Bourguiba, wo auf dem Gelände des früheren Marinearsenals 8 metallverarbeitende Betriebe mit zusammen 1 800 Beschäftigten angesiedelt wurden. Die größeren Einheiten sind eine Metallmöbelfabrik (350 AK), ein Betrieb für Fernsehgeräte und Antennen sowie ein Montagebetrieb für Dieselmotoren. In Sousse wurden 2 große halbstaatliche Betriebe angesiedelt: eine Fabrik für Kleineisenwaren (580 AK) sowie das Automontagewerk STIA, das aus größtenteils importierten Teilen im Jahre 1977 4 700 PKW, 173 Busse und 500 LKW zusammenbaute. Aus tunesischer Fertigung stammen nur etwa 25 % der Teile (Batterien, Reifen, Zündkerzen).

Die algerischen Entwicklungspläne sehen den zielstrebigen Ausbau der metallverarbeitenden Industrie, basierend auf dem Eisenhüttenwerk El Hadjar, vor.

Größtes Objekt auf der ostalgerischen Blatthälfte ist das Motoren- und Traktorenwerk Constantine, das 1969—1972 von deutschen Firmen errichtet wurde. Mit 2 600 Beschäftigten in der ersten Ausbaustufe und Baukosten von 500 Mio. DA bildete es eines der großen Investitionsvorhaben der ersten algerischen Entwicklungspläne. Von ihm werden starke Impulse zur Modernisierung der algerischen Landwirtschaft erwartet. Das Produktionssoll der ersten Ausbaustufe beträgt jährlich 4 000 Radtraktoren, 1 000 Kettenschlepper und 10 000 Dieselmotoren, die hauptsächlich für ein LKW-Werk bei Algier bestimmt sind. Eine Verdopplung der Kapazität ist vorgesehen. Der Standort Constantine wurde gewählt, weil der für die Gießerei und die Schmiede des Werkes benötigte Rohstahl von Annaba leicht bezogen werden kann und weil die größte Stadt Ostalgeriens, die von der Kolonialzeit her nur schwach industrialisiert war, ein breiteres wirtschaftliches Fundament benötigt. Als weitere metallverarbeitende Betriebe sind z. Z. eine Werkzeugmaschinenfabrik (500 AK) und eine Kompressorenfabrik (600 AK) im Bau. Die Stadt Constantine wird demnach zu einem Zentrum der metallverarbeitenden Industrie ausgebaut. In den Rahmen dieser Folgebetriebe des Eisenhüttenwerks in Ostalgerien gehört auch eine Fahrrad- und Mopedfabrik in Guelma, die von deutschen Firmen zwischen 1970 und 1973 errichtet wurde (auf der Karte N 12 noch nicht enthalten).

3.4 Das Baugewerbe

Zu den Gewerbezweigen, die einer exakten Erfassung nur schwer zugänglich sind, muß die Bauwirtschaft gerechnet werden. Dies ist um so bedauerlicher, als sie sich in der Postkolonialzeit dank den umfangreichen Investitionen in Infrastruktur, Wohnungen, öffentlichen Gebäuden, Hotels und Industriebetrieben zu einem der wichtigsten Arbeitgeber aufgeschwungen hat. Da der Mechanisierungsgrad des Gewerbes noch niedrig und die Arbeitsintensität entsprechend hoch ist, nimmt es auf dem Arbeitsmarkt sogar eine Schlüsselstellung ein.

Die zentrale Betriebskartei des Planungsministeriums in Tunis enthielt 1968 insgesamt 38 Hochbaufirmen mit 2 500 Dauerbeschäftigten und 6 600 Saisonkräften sowie 49 Tiefbaufirmen (Travaux Publics) mit 7 550 Dauerbeschäftigten und 10 400 Saisonarbeitern. Diese Ziffern — 10 050 Dauerbeschäftigte und 17 000 Saisonkräfte — wurden in die Karte N 12 eingearbeitet, wobei die saisonalen Arbeitskräfte mit 50 % veranschlagt wurden. Die Industriezählung 1969 erfaßte das Baugewerbe mit 111 Betrieben und 10 152 Dauerbeschäftigten sowie 20 000 Saisonarbeitern. Die Volkszählung 1966 erfaßte 30 576 Personen, die als Beruf Maurer und Ziegelbrenner angaben. Alle Quellen geben also für Tunesien im wesentlichen den gleichen Wert von 30 000 Beschäftigten des Baugewerbes wieder. Erwartungsgemäß ist in der Bauwirtschaft der Anteil der Saisonkräfte sehr hoch, obwohl klimatisch bedingte Unterbrechungen der Bautätigkeit nicht auftreten. Die ungelernten Arbeiter werden in der Regel nur für die Arbeiten an einem bestimmten Objekt eingestellt. Die Saisonkräfte waren 1969 durchschnittlich nur 115 Tage beschäftigt.

Im Vergleich zum tunesischen Kartenanteil erscheinen die Angaben für Ostalgerien, die aus der Kartei des Industrieministeriums von Algier stammen, unbefriedigend. Auf alle Fälle gibt der hier zugrundegelegte Stand 1969 nur unzulänglich den seitdem erfolgten Aufschwung der algerischen Bauwirtschaft wieder.

3.5 Das produzierende Handwerk von überörtlicher Bedeutung

3.5.1   Wirtschaftliche und soziale Bedeutung des Handwerks

In einer Wirtschaftskarte des östlichen Maghreb, darf das Handwerk angesichts seiner noch immer hohen Bedeutung für Wirtschafts- und Sozialstruktur nicht fehlen. Da eine Gesamtdarstellung wegen der unbefriedigenden Quellenlage nicht möglich ist, wird bewußt nur das produzierende Handwerk von überörtlicher Bedeutung dargestellt. Das Reparaturhandwerk und die lokalen Versorgungsbetriebe wie Bäcker, Metzger, Friseure entziehen sich einer exakten zahlenmäßigen Erfassung. Zum produzierenden Handwerk wird in diesem Zusammenhang auch das weibliche Heimgewerbe des Teppichknüpfens gerechnet. Für das gesamte Untersuchungsgebiet liegt exaktes Zahlenmaterial nicht vor; eine schon im tunesichen Zehnjahresplan 1962 geforderte Handwerkszählung steht bis heute noch aus. Die in vielen Veröffentlichungen für Tunesien angegebene Zahl von 100 000 Handwerkern (KASSAB 1976, S. 174) ist lediglich eine grobe Schätzung, die auf einer Betriebszählung von 1953 beruht. Diese erfaßte aber lediglich 23 200 „patrons" (GOLVIN 1957, S. 39). Die Volkszählung 1956 wies dagegen 38 250 „patrons-artisans" aus, eine 1961—1962 durchgeführte Studie der SCET erfaßte in den traditionellen Handwerkszweigen 16 670 selbständige „patrons" und 17 900 Lohnabhängige. Die Volkszählung 1966 trennt die Erwerbspersonen nur nach Berufen, nicht nach Handwerk, Industrie und sonstigen Erwerbszweigen. Seit 1975 liegt die erste grundlegende Studie in deutscher Sprache von FOUAD IBRAHIM vor. Er erfaßte mit der Methode der Befragung und Kartierung für 1973/74 in Tunesien insgesamt 133 134 Handwerker, was einen Anteil von 10—12 % an den Erwerbspersonen bedeutet (F. IBRAHIM 1975, S. 216).

Wenn in der Karte N 12 das produzierende Handwerk von überörtlicher Bedeutung dargestellt werden konnte, so deshalb, weil es in der Regel in starker regionaler Konzentration bei gleichzeitiger Spezialisierung der einzelnen Standorte auftritt.

Eine Klassifizierung der einzelnen Gewerbe ist nach Produkt und Kundenkreis üblich. In der Regel wird das Kunsthandwerk, das ursprünglich für die städtische Oberschicht und heute besonders für ausländische Abnehmer arbeitet, vom Gebrauchsgüterhandwerk unterschieden. Letzteres stellt auch heute noch die große Masse der Handwerksbetriebe. Seine Kunden sind die unteren Sozialgruppen der Städte und diejenigen Teile der Landbevölkerung, die noch der traditionellen Lebensweise verhaftet sind. Eine strenge Abgrenzung der beiden Handwerkszweige ist selbstverständlich nicht möglich. Ebenso fließend sind auch die Übergänge nach oben, zum kleinen Industriebetrieb wie auch zum überwiegenden Handelsbetrieb. Schließlich läßt sich auch eine Trennung zwischen einem als Vollerwerb ausgeübten Handwerk und dem Heimgewerbe, das zu gewissen Zeiten von männlichen wie weiblichen Familienmitgliedern als Zuerwerb ausgeübt wird, nicht immer durchführen. Aus dem Hausfleiß kann sich bei gegebener Nachfrage schnell ein Gewerbe entwickeln. Dafür bietet der Aufschwung der Teppichknüpferei Tunesiens in den letzten Jahren das beste Beispiel.

Die Ursprünge des maghrebinischen Handwerks reichen, wie in allen arabischen Ländern, bis ins frühe Mittelalter zurück. Aus Kairouan sind Handwerkersouks seit dem 9. Jh. überliefert (GOLVIN 1957, S. 19). Der Stoffsouk und der Souk der Parfümeure („souk el attarine") in Tunis sind Gründungen der Hafsidendynastie aus dem 13. Jh., die bis heute am gleichen Standort ihre Funktionen gewahrt haben (REVAULT 1967, S. 8). Starke Impulse erhielt das Handwerk des östlichen Maghreb im 16. und 17. Jh. durch maurische Flüchtlinge aus der Iberischen Halbinsel (vergl. H. G. WAGNER 1973, S. 98—99). In der präkolonialen Gesellschaft war das Handwerk integrierender Faktor der nationalen Wirtschaft. Es verarbeitete agrare und montane Rohstoffe und versorgte die Bevölkerung als alleiniger sekundärer Wirtschaftssektor mit Fertigwaren. Über den lokalen Abnehmerkreis hinaus waren einige Handwerke als blühende Exportgewerbe ausgebildet. Das gilt z. B. für die Herstellung von „chéchias", jener Kopfbedeckung, mit welcher die „chaouachi" (Kappenmacher) von Tunis weite Teile des osmanischen Reiches belieferten (KASSAB 1976, S. 131—174). Im 19. Jh. soll die Stadt 300 Werkstätten mit 6 000—7 000 Beschäftigten gezählt haben (GENOUD 1965, S. 220). Bis ins 20. Jh. blieben die mittelalterlichen Techniken und Organisationsformen nahezu unverändert erhalten. Das städtische Handwerk war in hierarchisch aufgebaute Korporationen gegliedert, die in vielen Zügen den europäischen Zünften des Mittelalters glichen: Überwachung von Qualität und Produktionsweise durch den „Zunftmeister", den „amin", hochgradige Spezialisierung — eine tunesische Verordnung von 1937 führt 54 Korporationen auf —, schließlich die bis heute fortlebende Abschließung in branchenspezifischen Souks, den oft überdachten Laden- und Werkstättengassen, die nachts teilweise durch Tore verschlossen und von eigenen Nachtwächtern bewacht wurden[6].

Seit der Mitte des 19. Jhs. machten die Importe europäischer Industriewaren dem maghrebinischen Handwerk zunehmend Konkurrenz, die dann durch das Protektorat — in Algerien durch die direkte französische Herrschaft — auch machtpolitisch abgesichert wurden. Die einzelnen Handwerkszweige wurden aber in sehr differenzierter zeitlicher Abfolge betroffen. Während die Textilimporte aus Frankreich bereits um 1850 anliefen und industriell gefertigte „chéchias" französischer und böhmischer Herkunft ab 1860 auf den tunesischen Exportmärkten auftraten, wurde das tunesische Schuhmacherhandwerk erst in der Postkolonialzeit durch die junge Schuhindustrie des Landes stärker in Mitleidenschaft gezogen. Andere Handwerkszweige, wie etwa die Schmuckherstellung in Tunis und auf Djerba, wurden von der industriellen Konkurrenz überhaupt nicht berührt, sie konnte seit 1900 sogar expandieren (H. G. WAGNER 1973, S. 133). Der Konkurrenz der Industriegüter war vor allem das Gebrauchshandwerk nicht gewachsen. Sein Niedergang ist aber nur teilweise auf die niedrigen Preise der industriellen Massengüter zurückzuführen, konnte doch das Handwerk der Preiskonkurrenz durch eigene Preissenkungen, Reduzierung des Lebensstandards und Qualitätsverminderung lange Zeit standhalten. Von ausschlaggebender Bedeutung war aber der Geschmackswandel der Konsumenten, die mehr und mehr westliche Verhaltensnormen annahmen. Diese „Verwestlichung" vollzog sich in Algerien in langsamer Form seit Beginn dieses Jahrhunderts, in Tunesien zeigte sie ihre volle Wirksamkeit erst nach der Unabhängigkeitserklärung von 1956. Schließlich ist auch die Starrheit der Korporationen, welche die Einführung produktiverer Verfahren verhinderte, am Niedergang des Gebrauchshandwerks nicht ganz schuldlos.

Das Handwerk erfuhr in Algerien ungleich stärkere Einbußen als in Tunesien. Die französische Herrschaft wirkte sich in den sogenannten nordafrikanischen Departements wesentlich länger und auch intensiver aus als im Protektorat Tunesien. «Pour l'Algérie notamment, où la civilisation française fut introduite plus d'un demi-siècle avant la Tunisie et près d'un siècle avant le Maroc, le bouleversement de l'économie locale fut plus prompt et peut-être aussi plus radical» (GOLVIN 1957, S. 36). Heute ist das algerische traditionelle Handwerk zu kümmerlichen Resten degradiert, die wirtschaftlich ohne Bedeutung sind. Lediglich in den Rückzugsgebieten der Kabylei haben sich Reste der Töpferei und Herstellung von Silberschmuck erhalten. In Tlemçen (Westalgerien) werden noch Decken von Hand gewebt. Dagegen werden die in Europa gehandelten algerischen Berberteppiche im Raum Tlemçen in großen Manufakturen serienweise von Hand geknüpft. Die auf Blatt N 12 des AFRIKA-KARTENWERKES dargestellten ostalgerischen Handwerksstandorte sind ausnahmslos kleine staatliche Manufakturen und Ausbildungszentren, Neugründungen der Postkolonialzeit, welche in industriefernen Gebieten einige Arbeitsplätze schaffen und gleichzeitig einen Teil des algerischen Kulturerbes wiederbeleben sollen.

Die folgenden Ausführungen beziehen sich daher ausschließlich auf das tunesische Handwerk.

---

[6] Noch 1972 bezahlten die Korporationen von Tunis 16 Nachtwächter (H. G. WAGNER 1973, S. 103).

Angesichts der breiten sozialen Bedeutung des tunesischen Handwerks hatte noch die Protektoratsregierung Hilfsmaßnahmen des Staates eingeleitet. Bereits 1937 war das „Office des Arts Tunisiens" und 1950 ein „Service de l'Artisanat" gegründet worden. Außerdem wurde staatlicherseits die Gründung von Einkaufs- und Absatzgenossenschaften angeregt, allerdings ohne großen Erfolg. Das unabhängige Tunesien formte die bestehenden Einrichtungen 1959 in das „Office National de l'Artisanat de Tunisie" (ONAT) um und begann mit umfassenden Fördermaßnahmen. Das Amt baute schnell einen weitverzweigten Schulungs- und Produktionsapparat auf, der sich aber im wesentlichen auf das Kunsthandwerk, dessen Erhalt allein aussichtsreich erschien, beschränkte. Ein Studienatelier in Den Den bei Tunis mit (1973) 1 187 Beschäftigten widmet sich der Pflege traditioneller Formen und Techniken und entwirft moderne Designs für Teppiche, Woll- und Seidenstoffe, Kleider, Schmuck, Möbel. Die Pflege des arabisch-berberischen Kulturerbes steht neben der Suche nach neuen, verkaufswirksamen Mustern. Die vom ONAT betreuten Handwerker werden kostenlos mit Mustern beliefert. Über das ganze Land sind Manufakturen als Ausbildungs- und Produktionszentren verteilt (s. *Fig. 10*). Im Jahre 1969 belief sich ihre Zahl auf 90, die zusammen etwa 13 000 Menschen beschäftigten[7]. Das ONAT war damit einer der größten Arbeitgeber des Landes. Die meisten Zentren sind auf Teppichknüpferei und -weberei spezialisiert. Hier erhalten jeweils 40—80 Mädchen im Alter von 14—18 Jahren eine Ausbildung von 4—12 Monaten, anschließend sind sie in der Produktion tätig. Die Entlohnung ist gering, doch werden gewisse soziale Nebenleistungen wie Arbeitskleidung, Mittagessen und notfalls Unterricht in Lesen und Schreiben geboten. Das ONAT unterhält eigene Verkaufs- und Ausstellungsgebäude in Tunis, Gabès, Bizerte, Houmt Souk und Monastir und versucht, durch Erschließung von Exportmärkten seine Produktion abzusetzen. Über seine eigene Produktion hinaus übt das Amt strenge Qualitätskontrollen über alle Exporte aus; es erteilt die Qualitätszertifikate kostenlos auch an unabhängige Handwerker. Zumindest bei den Teppichen ist dies sehr begehrt, erzielt doch Ware mit dem Qualitätssiegel wesentlich höhere Preise als ungesiegelte Ware.

Es nimmt nicht wunder, daß angesichts dieser Verknüpfung von sozialen, pädagogischen, kulturellen, produktionstechnischen und kommerziellen Zielen die Rentabilitätsgesichtspunkte zu kurz kommen mußten; hohe Staatssubventionen waren erforderlich.

Die gegenwärtige Situation des tunesischen Handwerks ist dadurch gekennzeichnet, daß sich die gegenläufige Entwicklung von Gebrauchshandwerk und Kunsthandwerk, die schon in der Protektoratszeit einsetzte, noch stärker akzentuiert.

Das Gebrauchshandwerk verliert durch die rasche Ausbreitung „westlicher" Verhaltensnormen zunehmend an Absatzmöglichkeiten. „Die herkömmlichen und gewerblichen Erzeugnisse des Orients sind ja nicht etwa beliebig austauschbare und ersetzbare Konsumgüter, sondern Bestandteile einer . . . materiellen Zivilisation" (WIRTH 1971, S. 321). Die Alphabetisierung auch der abgelegensten Landesteile trägt nicht zuletzt dazu bei, daß die traditionellen Lebensformen selbst in ihren Rückzugsgebieten bedroht sind. Auch die Öffnung des Landes für den Massentourismus mit ihren vielfältigen Kontaktmöglichkeiten vermitteln neue Leitbilder. Selbst der Staat fördert diese Entwicklung unter dem Schlag-

---

[7]   Freundliche Auskunft von M. BASLY ABDELJELLIL, Chef du Service de la Production beim ONAT.

Figur 10   Teppichmanufaktur des Office National de l'Artisanat de Tunisie in der südtunesischen Oase Kibili. 23. 3. 1968

wort der „promotion de l'homme". Schrittmacher ist die junge, weitgehend alphabetisierte Generation.

Der Verhaltenswandel manifestiert sich zunächst in der Kleidung. Die „chéchia", noch um 1950 von fast jedem Tunesier als Kopfbedeckung getragen, ist heute aus dem Straßenbild nahezu völlig verschwunden. Die einst angesehene Korporation der „chaouachi" (Kappenmacher), die 1963 noch 1 500 Personen beschäftigte, zählt nach H. G. Wagner (1973, S. 106) heute in ganz Tunesien nur noch 600—700 Erwerbstätige. Die Pantoffelmacher, die „belghagis", geben ihre Arbeit auf oder passen sich als Schuhmacher der veränderten Nachfragesituation an. Zu den rezessiven Gewerben zählen auch die handwerkliche Weberei sowie die Töpferei, soweit sie Gebrauchsgeschirr herstellt.

Kennzeichnend für die in ihrer Existenz bedrohten Gewerbe ist die starke Überalterung der „patrons". Da sich kaum mehr Lehrlinge und Kompagnons finden, muß im Bedarfsfall auf ungelernte Arbeiter und eventuell weibliche Heimarbeiter zurückggegriffen werden.

Ein völlig anderes Situationsbild bietet das Kunsthandwerk, das gerade in den sechziger Jahren eine sehr positive Entwicklung nahm. War es früher vorwiegend auf die schmale städtische Oberschicht Tunesiens ausgerichtet, so hat es sich in den letzten Jahren im In- und Ausland neue Absatzmärkte erschlossen. Die wichtigsten Impulse gingen vom Fremdenverkehr aus, der seit 1963 einen steilen Aufschwung nahm. Der Direktverkauf an

die Touristen bildet dabei nur einen, wenn auch den wichtigsten Absatzweg. Die Souvenirgeschäfte in den Touristenzentren — sie führen meist ein Mischsortiment aus Teppichen und Decken, Kupferarbeiten sowie Lederwaren — haben seit 1968 ihre Zahl um das
fünf- bis zehnfache erhöht. Alle größeren Hotels führen einen entsprechenden Laden. Die
Begegnung der Touristen mit Artikeln des tunesischen Kunsthandwerks führt aber auch
zu einer Belebung der Nachfrage in den Herkunftsländern der Touristen; der Fremdenverkehr ist somit Wegbereiter des Exports in die Industrieländer, der sich gerade dort im
Gefolge der nostalgischen Nachfrage nach handwerklichen Erzeugnissen gut entwickelte.

Die Wiederbelebung des Kunsthandwerks kann allerdings nicht den Niedergang des
zahlenmäßig sehr viel stärkeren Gebrauchshandwerks ausgleichen. Aus außenwirtschaft-
licher Sicht hat das Kunsthandwerk als Devisenbringer Bedeutung; dies dürfte nicht
zuletzt ein Hauptgrund für die intensive staatliche Förderung sein.

3.5.2 Die Teppichherstellung

Zum wichtigsten Zweig des Kunsthandwerks hat sich in den letzten Jahren das Knüpfen
und Weben von Teppichen entwickelt. Es wird ausschließlich von Mädchen und jungen
Frauen und überwiegend in Heimarbeit ausgeübt. Die Karte N 12 erfaßt etwa 21 000
Knüpferinnen, die aber wegen des unregelmäßigen Charakters ihrer Tätigkeit nur mit
50 % einer Dauerarbeitskraft wiedergegeben werden. Die Betriebsform der Teppichmanufaktur ist in den Zentren des ONAT mit 5 300 Beschäftigten (1968) ausgebildet; daneben existieren auch private Manufakturen, insbesondere in Kairouan (F. IBRAHIM 1975,
S. 12).

In Kairouan wurde zu Beginn des 19. Jhs., offensichtlich unter türkischem Einfluß, der
Typ des „Kairouan" entwickelt, der zu den geknüpften Teppichen („zarbîya") zählt. Von
geringerer Bedeutung ist der Typ „mergoum", der nicht geknüpft, sondern gewebt wird.
Kairouan ist heute noch ein wichtiges Zentrum der tunesischen Teppichknüpferei, die
qualitativ hochwertigsten Stücke stammen aus dieser Stadt. Nach F. IBRAHIM (1975,
S. 194) knüpfen in der Stadt etwa 7 000 Frauen.

Der Erfolg der „zarbîya" von Kairouan hatte in anderen Gebieten Tunesiens Nachah-
mungen zur Folge. Schon ab 1870 wurde in Bizerte aus dem Dekor von Kairouan ein
eigenständiger Teppich entwickelt. Die größten Innovationseffekte können aber etwa seit
1965 im Raum Monastir-Ksar Hellal beobachtet werden. Hier hatte das Weberhandwerk
viele Frauen für Hilfsarbeiten wie Waschen, Kämmen und Spinnen der Wolle benötigt.
Die Vertrautheit mit Wollarbeiten erleichterte offensichtlich die Ausbreitung der Teppichknüpferei. Nach F. IBRAHIM (1975, S. 190) zählt der Sahel von Sousse-Monastir heute
etwa 12 000 Knüpferinnen, er hat in quantitativer Hinsicht das alte Zentrum Kairouan
überflügelt. Die Heimarbeit entwickelte sich von einem Gelegenheitserwerb und einer
Form der Kapitalanlage zu einer wichtigen Einkommensquelle für die gesamte Familie. Im
Jahre 1972 konnte eine geschickte Knüpferin ein Tageseinkommen von etwa 0,7 DT
erreichen, was in etwa die Kosten der Nahrungsmittel für die Familie deckte. Die Teppiche werden auf dem zweimal wöchentlich stattfindenden Teppichmarkt von Ksibet el
Mediouni an Händler aus ganz Tunesien verkauft, nachdem das ONAT eine Qualitäts-
prüfung vorgenommen hat.

Weitere Zentren der Teppichherstellung sind die südtunesischen Oasen Gabès und Oudref sowie Gafsa, wo Webteppiche in eigenartigen geometrischen Mustern gefertigt werden.

Über den Umfang der Teppichproduktion können nur vage Angaben gemacht werden. GOLVIN (1957, S. 65) gibt die Produktion der Stadt Kairouan für 1955 mit 35 000—40 000 m² an, die erwähnte Studie des S.E.P.E.N. (1963, S. 89) errechnet für 1961 ca. 46 000 m². Bis 1972 war die Jahresproduktion nach F. IBRAHIM (1975, S. 8) bereits auf 500 000 m² gestiegen. Der zollamtlich erfaßte Export von Teppichen stieg von 31 t im Wert von 80 000 DT (1962) auf 222 t für 1,072 Mio. DT (1970), 555 t für 2,5 Mio. DT (1972) und 542 t im Wert von 3,9 Mio. DT (1975) an. Der besondere Wert der tunesischen Teppichknüpferei liegt aber weniger im außenwirtschaftlichen, als vielmehr im sozialen Bereich: Tausenden von Familien ist eine zusätzliche Einnahmequelle erschlossen.

3.5.3 Die Weberei

Die traditionelle Handweberei hat sich in Tunesien bis heute in erstaunlicher Stärke halten können, wenn auch alle Zweige Einbußen unterschiedlichen Ausmaßes hinnehmen mußten. Dabei hat sich eine interessante räumliche Konzentration auf einige Hauptzentren herausgebildet, die mit einer Spezialisierung der Produktion gekoppelt war: Schwerpunkte sind auf Djerba die Erzeugung von Wolldecken, im Raum Ksar Hellal diejenige von Baumwollgeweben, während die Weber der Medina von Tunis überwiegend feinere Gewebe aus Naturseide und Kunstfasern herstellen.

Den stärksten Bedeutungsschwund erfuhr die Weberei in den Textilsouks der Medina von Tunis. Noch gegen Ende des 19. Jhs. nahm hier die Seidenweberei eine hervorgehobene Stellung ein. Nach BERGER-LEVRAULT (1896, 2, S. 309) zählte allein die Korporation der Seidenweber („herairja") 2 000 patrons und Arbeiter; zusammen mit den Hilfsgewerben wurden 4 000 Menschen beschäftigt. Die Zählung der SCET erfaßte 1963 noch 274 patrons und 573 Arbeiter, zusammen rund 850 Erwerbspersonen, deren Durchschnittsalter bezeichnenderweise bei 45 Jahren lag. F. IBRAHIM kartierte 1974 nur noch 171 Betriebe mit 461 Beschäftigten (F. IBRAHIM 1975, S. 150). Die meisten stellen die weißen Schals („sifsari") her, welche den Städterinnen als Schleier dienen — soweit sie noch einen solchen tragen. Als Rohmaterial haben importierte synthetische Garne die Seide in den Hintergrund gedrängt. Das Weben von Woll- und Baumwollwaren ist in Tunis vertreten, tritt aber zahlenmäßig zurück.

Die Baumwollweberei konzentriert sich seit den zwanziger Jahren auf die Stadt Ksar Hellal und die sieben umliegenden Dörfer Sayada, Lamta, Bennane, Bou Hadjar, Bembla, Ksibet El Mediouni und Khniss (s. *Fig. 11*). Die Stadt Ksar Hellal war das Innovationszentrum, von dem aus sich das Handwerk auf die Dörfer verbreitete. Erstaunlicherweise erlebte die Weberei erst in diesem Jahrhundert ihren Aufschwung, als der kolonialzeitliche Ausbau der Verkehrswege dem Fernhandel mit Geweben bessere Möglichkeiten bot und dieser Raum sich auf die Baumwollweberei spezialisierte. Die Ausbildung von regelrechten Weberdörfern war die Folge, nach F. IBRAHIM waren 1974 noch 2 881 Weber mit 300 Gehilfen aktiv (F. IBRAHIM 1975, S. 187), die Zahl ist aber rückläufig. Das Hauptprodukt

Figur 11   Gebäude der Webergenossenschaft von Khniss bei Monastir. 15. 3. 1968

war früher die bunte „mélia", ein Baumwolltuch, das von der Frau als eine Art Tunika getragen wird. Als sich die Absatzchancen verringerten, wurden auch „westliche" Artikel wie Putzlappen, Tischtücher, Schals und Badehandtücher in Produktion genommen.

Die handwerkliche Wollverarbeitung ist im Gegensatz zur Baumwollweberei über ganz Tunesien verbreitet. Neben dem weiblichen Hausfleiß finden sich noch in fast allen größeren Dörfern einige Weber, welche Kleidungsstücke und Decken anfertigen. Von ausgesprochen überregionaler Bedeutung ist die Wollweberei der Insel Djerba, DELMAS (1952, S. 164) gibt 2 000 und CORNET (1958, S. 140) noch 1 600 Weber an, während KLUG (1973, S. 81) eine Zahl von 1 390 nennt. Die Volkszählung 1966 erfaßte im Gouvernorat Médénine, zu dem Djerba gehört, rund 1 000 männliche Weber, eine Ziffer, die auch F. IBRAHIM (1975, S. 206) angibt. Mit dieser Zahl dürften die im Westen des Hauptortes Houmt Souk ansässigen hauptberuflichen Weber zuverlässig erfaßt sein. Haupterzeugnis sind Wolldecken, die in den Formaten 2 × 3 m und 3 × 6 m in ganz Tunesien und Libyen Absatz finden. Den Impulsen des Fremdenverkehrs, die zu einer Sortimentsverschiebung vom Gebrauchsgegenstand zum kunsthandwerklichen Artikel führten, dürfte die relative Stabilität dieses Handwerkszweiges zu verdanken sein.

3.5.4 Sonstige textile Handwerke

Auf Klöppel- und Stickereiarbeiten haben sich mehrere Küstendörfer südöstlich Bizerte und auf der Halbinsel Cap Bon spezialisiert. Das Gewerbe geht auf maurische Flüchtlinge des 16. und 17. Jhs. zurück; aus diesem Grunde ist es bis heute vorwiegend in den sogenannten Andalusierdörfern vertreten. Die Arbeiten werden größtenteils als Heimarbeit, daneben aber auch in den Produktionszentren des ONAT ausgeführt.

Eine Spezialität der Stadt Nabeul sind geflochtene Schilfmatten, die als Fußbodenbelag, Tischläufer und Tischsets Verwendung finden. Die Korporation der „nattiers", die ein ganzes Stadtviertel („Rebat") einnimmt, umfaßte zu Beginn der fünfziger Jahre 113 patrons und 300 Arbeiter (LISSE & LOUIS 1954, S. 4); nach neueren tunesischen Quellen soll das Gewerbe 130 Ateliers und 1 340 Arbeitskräfte umfassen (INFORMATION ÉCONO-MIQUE AFRICAINE 1970, No. 1, S. 19).

Aus Halfagras werden in der Gemeinde Hergla (nördlich Sousse) Einlagen für Olivenpressen („scourtins") geflochten. Dieses hochspezialisierte Gewerbe beschäftigt etwa 360 Arbeitskräfte, die in einer Genossenschaft zusammengefaßt sind. Für die Gemeinde ist es daher die Haupterwerbsquelle. Die Einführung moderner Olivenpressen drängt allerdings die Einsatzmöglichkeiten der „scourtins" zurück.

3.5.5 Die Töpferei

Das Töpferhandwerk konzentriert sich heute auf die drei Zentren Nabeul, Moknine und Guellala auf Djerba. Aus den übrigen Landesteilen ist das Gewerbe fast völlig verschwunden, wenn man von gelegentlichen Erzeugnissen weiblichen Hausfleißes ohne Töpferscheibe absieht.

Wichtigstes Zentrum ist die Stadt Nabeul, die sowohl Gebrauchskeramik wie Tonröhren, Blumentöpfe, grobe unglasierte Gebrauchsgefäße wie auch kunstgewerbliche Artikel herstellt. Während die Herstellung von irdenem Gebrauchsgeschirr rückläufig ist, gewinnt die glasierte und bemalte Keramik an Boden. Die Einführung der Töpferei geht auf Einwanderer aus Guellala im 16. Jh. zurück (REVAULT 1967, S. 85), maurische Flüchtlinge des 17. Jhs. übermittelten andalusische Formen und Dekors, die bis heute gepflegt werden. Moderne Einflüsse machten sich während der Kolonialzeit geltend. Das Sortiment reicht daher von traditionellen maurischen Gegenständen (Teller, Vasen) bis zum modernen Tischservice. Als Rohstoffe dienen Tone, die beiderseits der Straße nach Tunis z. T. im Untertagebau gewonnen werden. In rund 120 Ateliers arbeiten etwa 1 100 Arbeitskräfte. Die etwa 170 Brennöfen sind im nordöstlichen Stadtviertel konzentriert. Auf der Basis des handwerklich geschulten Arbeitspotentials wurden 1967—1968 sowohl eine Fliesenfabrik (50 AK) wie eine Porzellanfabrik (100 AK) eröffnet. Diese Anpassungsprozesse an die Erfordernisse des Marktes, an neue Organisationsformen und Produktionstechniken dürften das Überleben der Töpferei in Nabeul sicherstellen.

Dagegen befindet sich das ausschließlich grobe Gebrauchsgefäße produzierende Handwerk von Moknine und Guellala in raschem Niedergang. Die etwa 120 Töpfer von Moknine stellen vorwiegend kleinere, unglasierte Gefäße her. Die Töpferei wird meist als Zuerwerb neben einer kleinen Landwirtschaft betrieben, die Töpfer zählen heute zu den unteren Sozialgruppen der Stadt (SETHOM 1964, S. 62).

Das Töpferdorf Guellala auf Djerba zählte 1942 noch 774 Handwerker, bis 1973 war ihre Zahl nach F. Ibrahim (1975, S. 214) auf 400 gefallen. Die Öfen (s. *Fig. 12*) sind nur noch 4—5 Monate im Jahr in Betrieb. Produziert werden vor allem irdene Krüge, die, wie in der Antike, als Öl- und Getreidebehälter bis zu einer Höhe von 1,30 m hergestellt werden. Der Absatz erfolgt über eine Genossenschaft in ganz Tunesien sowie in Libyen (1970: 340 t).

3.5.6 Standortverteilung des Handwerks

Die Standorte von Handwerk und Heimgewerbe von überregionaler Bedeutung weisen einige gemeinsame Merkmale auf, die auf eine gewisse Gesetzmäßigkeit bei Entstehung und Erhaltung dieser Erwerbszweige hinweisen. Einmal schält sich der traditionelle Typ des Medinahandwerks heraus. Hier finden wir eine Fülle verschiedenster Handwerke vor uns, die auch heute noch, nach Branchen sortiert, in den Souks angesiedelt sind und die oft eine sehr diffizile Arbeitsteilung aufweisen. Dieser Typ, der vom Wirtschaftsgefüge der alten arabischen Stadt überliefert ist, kann noch in allen größeren der alten Städte angetroffen werden: in Tunis, Nabeul, Béja, Bizerte, Sousse, Kairouan und Sfax.

Demgegenüber weisen die Handwerkeragglomerationen in den Landgemeinden eine Monostruktur auf, die Spezialisierung der Siedlung auf ein Handwerk ist die Regel.

Figur 12   Brennofen im Töpferdorf Guellala (Djerba). 13. 4. 1972

Handwerk bzw. Heimgewerbe ist oft nur eine zusätzliche Erwerbsquelle neben der Landwirtschaft. Wir finden diese Weber-, Teppichknüpfer- und Töpfersiedlungen durchweg in dicht besiedelten Gebieten, deren agrarische Tragfähigkeit überschritten war; die unzureichende Ackernahrung zwang zu einem Nebenerwerb, der eventuell zum Haupterwerb wurde. Die Agglomeration der Bevölkerung in großen, stadtähnlichen Dörfern war die Voraussetzung zu arbeitsteiligen Produktionsweisen, führte zu Qualitäts- und Leistungswettbewerben und ermöglichte schließlich Innovationen und die Organisation des Absatzes. Einige dieser ländlichen Gewerbezentren konnten sich erst in der Kolonialzeit oder — wie im Fall der Teppichknüpferei im Sahel — erst in der Postkolonialzeit entwickeln.

3.6 Die Fischereiwirtschaft

Die Fischerei ist für einige Küstengebiete im östlichen Maghreb von erheblicher wirtschaftlicher und sozialer Bedeutung, wenn auch ihr Beitrag zum gesamten Sozialprodukt recht bescheiden ist. Die Erträge im relativ fischarmen Mittelmeer können nicht mit denen der Hochseefischerei in den Ozeanen verglichen werden. Immerhin erfaßte die Volkszählung 1966 in Tunesien 10 200 Fischer. Eine wichtige Rolle spielt die Fischerei auch als Eiweißlieferant für die Volksernährung, da Fleisch immer noch für breite Schichten schwer erschwinglich ist; der Fischverzehr pro Kopf erhöhte sich in Tunesien von 3,6 kg (1938) auf 5,5 kg (1971) und 9,2 kg (1977).

3.6.1 Das Naturpotential

Vom natürlichen Potential her ist Algerien für die Fischerei wesentlich ungünstiger ausgestattet als Tunesien. Der fischereiwirtschaftlich so wichtige Schelf ist an der ostalgerischen Küste nicht durchgehend ausgebildet. Die Massive des Küstentell brechen meist abrupt in größere Tiefen ab; 10 km von der Küstenlinie entfernt wird oft bereits eine Wassertiefe von 500 m erreicht. Lediglich in den Buchten von Annaba und Skikda, also vor den tertiär-quartären Depressionen, ist ein flach abfallender Kontinentalrand ausgebildet, der erst 20—25 km von der Küste entfernt die 200-m-Isobathe unterschreitet. Eine flache Meeresströmung mit kühlerem Atlantikwasser von geringerem Salzgehalt läßt sich entlang der Nordküste bis zur Halbinsel Cap Bon nachweisen (N. STEIN 1970, S. 22).

Demgegenüber besitzt Tunesien vor seiner Ostküste eines der ausgedehntesten Schelfgebiete des gesamten Mittelmeerraumes. Auf der Höhe von Sousse liegt die 200-m-Isobathe 80 km und auf der Höhe von Sfax sogar 150 km von der Küste entfernt. Auch das submarine Relief begünstigt hier die Fischerei. Der osttunesische Schelf ist im allgemeinen recht eben und wenig gegliedert. Er eignet sich gut für die Grundschleppnetz-Fischerei, da er auf weiten Strecken von Sand bedeckt ist, was sich für den Fang als günstiger erweist als schlammiger oder felsiger Grund (N. STEIN 1970, S. 22). Im Süden sollen die äolischen Ablagerungen von phosphat- und stickstoffhaltigem Sand aus der Sahara eine Düngung des Wassers bewirken (GAUDILLIÈRE 1954, S. 45). Die Gewässer vor der tunesischen Ostküste gehören daher zu den fischreichsten Räumen des Mittelmeeres. Bis heute wird dieses Nahrungspotential aber nicht optimal ausgebeutet. Nach Ansicht von Fischereiexperten könnten die Erträge bei gleichmäßiger Befischung aller Fanggründe noch verdreifacht werden, ohne daß die Gefahr einer Überfischung besteht (Secrétariat d'État aux Travaux Publics 1966, Bd. 2, S. 254—255).

3.6.2 Die Entwicklung der Fischereiwirtschaft

Die Fischerei an der nordafrikanischen Küste erhielt starke Impulse aus Europa. Bereits im 15. und 16. Jh. beuteten genuesische und französische Gesellschaften die Korallenbänke an der Nordküste aus. Um 1880 erlebte die Korallenfischerei ihren Höhepunkt; etwa von 1910 an setzte der Niedergang ein, nachdem die Bänke größtenteils durch Raubbau zerstört waren (Borrel 1956, S. 32). Etwa um 1835 führten maltesische und italienische Fischer erstmals die Kutterfischerei mit Schleppnetzen in den nordafrikanischen Gewässern ein. Kamen sie anfangs nur während der Fangsaison von Mai bis Oktober, so ließen sie sich bald dauernd an geeigneten Küstenplätzen nieder. In der Folge entstanden die italienischen Fischerviertel von Sfax, Sousse, La Goulette, Bizerte, El Kala, Annaba und Skikda-Stora. In Westalgerien ließen sich gleichzeitig zahlreiche spanische Fischer nieder. «La pêche était, à la fin du siècle dernier, le monopole presqu' exclusif des marins italiens ou maltais» (Borrel 1956, S. 44). War die Kutterfischerei auch so gut wie völlig in europäischer Hand, so existierte daneben immer eine lokale Küstenfischerei, die von Arabern mit kleinen Segel- und Ruderbooten, mit Wurfnetzen, in Südtunesien auch mit Fischzäunen und Reusen und selbst mit dem Dreizack betrieben wurde.

Die tunesischen Gewässer werden auch heute noch von sizilianischen Fischern, besonders aus Trapani und Mazara del Vallo, aufgesucht (N. Stein 1970, S. 35), da diese Fanggebiete für sie existenznotwendig sind. Verträge zwischen den Regierungen von Rom und Tunis regeln in überaus komplizierten Bestimmungen Fangzeit, Zahl und Tonnage der in den tunesischen Hoheitsgewässern — sie wurden 1973 bis zur 50-m-Isobathe ausgeweitet — fischenden italienischen Boote. In den Fischereihäfen von Sfax und Sousse sind italienische Flottillen heute wieder ein vertrautes Bild.

In Algerien konnten sich die spanischen, italienischen und maltesischen Fischerkolonien bis 1962 ihre Vorzugsstellung bewahren. Ihr abrupter Abzug hatte vorübergehend schwere Einbußen für die gesamte algerische Fischereiwirtschaft zur Folge. Die Fänge gingen von 31 130 t (1961) auf 16 943 t (1963) zurück. Es dauerte bis 1973, bis sich die algerische Fischerei von diesem Aderlaß wieder erholt hatte. Es bedurfte hoher Investitionen des Staates — unter anderem wurden 40 moderne Kutter in Spanien und der DDR gekauft —, um die Fänge auf die alte Höhe zu bringen (1975: 37 600 t).

Die unabhängigen Staaten standen somit vor der Aufgabe, die Fischereiwirtschaft zu modernisieren und die Fangkapazitäten zu erhöhen. Zu den ersten Zielen der tunesischen Regierung gehörte die Modernisierung der Flotte. In mehreren europäischen Ländern wurden Fischkutter aus Stahl, ausgerüstet mit modernen Such- und Fanggeräten, gekauft (s. *Figur 13*). Seit 1972 ist auch die Werft von Menzel Bourguiba in der Lage, Stahlkutter bis 25 m zu bauen. Insgesamt dominiert aber noch der Fischkutter aus Holz, der auf Werften in Bizerte, Sousse und Sfax gebaut wird. Die tunesische Fischereiflotte umfaßte 1975 etwa 175 Kutter, 187 „Lamparos" (s. *Kap. 3.6.3*) und mehr als 5 000 kleine Barken für die Küstenfischerei. Daneben mußte die fischereiwirtschaftliche Infrastruktur ausgebaut werden. Fischereihäfen bestanden in den Handelshäfen Bizerte, Tunis, Sousse und

Figur 13   Moderne Fischkutter aus Stahl (links) im Fischereihafen Sousse. 13. 3. 1968

Sfax (s. *Figur 14*). Neue Fischereihäfen wurden in La Goulette, Mahdia (s. *Figur 16*), Kelibia, Tabarka und Gabès gebaut. Zu den positiven Leistungen muß auch der Aufbau einer Laden- und Kühlkette gerechnet werden, welche auch das Landesinnere mit Frischfisch versorgt. Der Staat fördert seit 1970 wieder stärker die private Fischerei, vor allem durch Gewährung günstiger Modernisierungskredite, während in den sechziger Jahren das „Office National des Pêches" (ONP) eine Art Monopolstellung gehabt hatte.

Dank staatlicher Maßnahmen konnten die Anlandungen stark erhöht werden, sie erreichten 1977 mit 53 700 t einen neuen Rekord (s. *Tab. 11*).

Tabelle 11   Fischanlandungen in Tunesien im Jahresdurchschnitt 1938—1977

1938	9 450 t	1966/71	28 400 t
1951/55	12 600 t	1972/75	37 100 t
1956/60	18 050 t	1976	49 000 t
1961/65	22 580 t	1977	53 700 t

Quellen: GAUDILLIÈRE (1954, S. 60) — ANNUAIRE STATISTIQUE (1969, S. 206) — STB, EXERCICE (1971, S. 7; 1973, S. 14; 1975, 1977 ohne Seitenangaben)

Figur 14   Fischereihafen von Sfax. Im Vordergrund zwei typische Barken mit 2—3 Mann Besatzung
für die Küstenfischerei, am Kai einige 18-Meter-Kutter aus Holz. 18. 3. 1968

3.6.3   Die verschiedenen Zweige der Fischereiwirtschaft

Die verschiedenen Zweige der tunesischen Fischereiwirtschaft nahmen in der Postkolonialzeit eine recht unterschiedliche Entwicklung (s. *Tab. 12*).

Nach wie vor bildet die Küstenfischerei, die in Sichtweite der Küstenlinie ausgeübt
wird, den wichtigsten Zweig der tunesischen Fischereiwirtschaft. Sie erbringt 30—40 %
der Fangmenge und sogar rund 50 % der Erträge. Die Fangmethoden sind durch techni-
sche Neuerungen kaum verändert. Die kleinen, mit jeweils 2—3 Fischern bemannten Barken werden vielfach noch von Dreieckssegeln und Rudern angetrieben (s. *Figur 14*). Die
Küstenfischerei stellt Grundfischen und Mollusken nach. Im seichten Golf von Gabès wird
auch noch eine altertümliche Fischerei mit Fischzäunen und Reusen aus Palmwedeln
betrieben (s. *Figur 15*).

An zweiter Stelle — gemessen am Fangwert — steht die Lichtfischerei. Ihre Fangmethode besteht darin, nachts mit Hilfe starker Lichtquellen (500 W) die in Schwärmen
auftretenden pelagischen Fischarten an die Oberfläche und in die Netze zu locken. Der

Figur 15   Reusen und Fischzäune aus Palmwedel für den Fang im Wattenmeer des Golfs von Gabès.
17. 3. 1968

Figur 16   Reparaturwerft für Holzkutter im Fischereihafen Mahdia. 16. 3. 1968

Tabelle 12   Fischanlandungen nach Fischereiarten in Tunesien

	1953 (t)	1965 (t)	1970 (t)	1974 (t)	1975 (t)
Küstenfischerei	3 427	10 331	9 918	11 190	12 343
Kutterfischerei	2 790	5 425	7 086	6 541	7 954
Lichtfischerei	*	5 012	8 322	14 676	13 849
Lagunenfischerei	5 180	1 030	826	1 167	1 196
Thunfischfang	*	769	687	754	778
Crustaceen	32	468	558	1 060	1 035
Schwämme	131	99	46	41	58
	11 560	23 134	27 543	35 429	37 213

* Keine Zahlenangaben

Quellen: Lepidi (1955, S. 46—47) — Annuaire Statistique (1969, S. 206; 1974—75, S. 186) — STB, Exercice (1971, S. 7; 1973 ohne Seitenangabe)

Großteil der Fänge besteht aus Clupeiden, und zwar aus Sardinen (*Sardina pilchardus sardina*), Sardellen (*Sardinella aurifa*) und Anchovis (*Engraulis enchrasicholus*). Diese Arten stellen den wichtigsten Rohstoff der Fischkonservenindustrie dar. Die Lichtfischerei arbeitet mit „Lamparos", das sind Einheiten zu je vier Booten. Neben einem Kutter von 15—18 m umfaßt jeder „Lamparo" noch 2 kleinere Boote von 6—8 m als Lampenträger und ein Netzboot.

Die Schleppnetzfischerei mit Kuttern hat angesichts der umfangreichen Investitionen, die sie erhielt, eine enttäuschende Entwicklung genommen. Neben die herkömmlichen 18-m-Kutter aus Holz (100—190 PS) traten moderne 23-m-Kutter aus Stahl (250—300 PS), ausgerüstet mit Fischdetektoren, Echolot und Navigationsgeräten. Während die älteren Kutter in Sichtweite der Küste fischen und täglich in den Hafen zurückkehren, können die Stahlkutter 4—5 Tage auf See bleiben und auch weiter entfernte Fischgründe aufsuchen. Diese Möglichkeiten scheinen aber nur unzureichend genutzt zu werden, da es an ausgebildetem Personal fehlt, das die Navigation beherrscht und mit den technischen Einrichtungen optimal arbeiten kann.

Der Thunfischfang wird vorwiegend mit den bereits aus der Antike bekannten Tonnaren, d. h. Großreusen, welche speziell für den Fang von wandernden Großfischen eingerichtet sind (N. Stein 1970, S. 54), betrieben. Etwa 80 % der Fänge entfallen auf den Roten Thun (*Thunnus thynnus*). An der tunesischen Küste ist die Zahl der Tonnare von 11 (1906) auf 5 (1938) und gegenwärtig vier gesunken. Die Erträge dieser arbeits- und kapitalintensiven Fangmethode sind bescheiden (1975: 778 t).

Wesentlich höhere Erträge erbringen dagegen die Crustaceen. Während in den flachen, sandigen osttunesischen Gewässern Garnelen (*Crangon crangon*) mit dem Grundschleppnetz gefangen werden, ist der Fang von Langusten (*Palinurus elephas*) mittels Reusen eine Spezialität der Galite-Inseln. Die Fänge werden teilweise als Luftfracht nach Europa exportiert. Etwa 40 % des tunesischen Fischexportes von 7,3 Mio. DT (1975) entfielen auf Crustaceen.

Die flachen Gewässer um Djerba und im Golf von Gabès sind seit der Antike eines der wichtigsten mediterranen Reviere der Schwammfischerei. War das Gewerbe bis zum 2. Weltkrieg überwiegend in Händen von Griechen und Italienern, so wird es heute fast ausschließlich von Tunesiern betrieben. Die Schwämme werden bis zu einer Wassertiefe von 20 m mit einem langen Dreizack geerntet; in größeren Tiefen wird ein Grundschlepp-netz benutzt, welches aber die Bänke sehr stark beansprucht. Die griechische Methode des Schwammtauchens ist heute aus den tunesischen Gewässern fast verschwunden. In den letzten Jahren sind die Fänge stark gesunken, die Schwammfischerei hat ihre einstige Bedeutung für die südtunesische Küste verloren.

Auch die Korallenfischerei an der Nordküste spielt mit einem Jahresertrag von 7 t (1975) keine Rolle mehr.

3.6.4 Fischereistandorte und Fischereiräume

Die Fischereistandorte der Karte N 12 wurden mit Hilfe der amtlich ausgewiesenen Anlandungen erfaßt und bewertet (Quelle: ANNUAIRE STATISTIQUE DE LA TUNISIE 1969, S. 206). Die Statistiken über die Fangmenge sind einigermaßen zuverlässig, während die Zahl der Fischer sehr viel schwerer faßbar ist. Sie dürften sich für den tunesischen Küsten-abschnitt auf etwa 10 000 belaufen.

An der algerischen Küstenstrecke der Karte N 12 waren 1969 in vier Standorten ledig-lich 533 Fischer zu erfassen (ANNUAIRE STATISTIQUE DE L'ALGÉRIE 1970, S. 114).

Die Küstengewässer der Karte N 12 lassen sich in drei Fischereiräume einteilen (s. *Fig. 17*):

— Eine nördliche Zone umfaßt die gesamte ostalgerische und nordtunesische Küste ein-schließlich der Halbinsel Cap Bon.

— Die östliche Zone weist zwischen Nabeul und Adjim recht einheitliche fischereiwirt-schaftliche Verhältnisse auf.

— Die südliche Zone umfaßt die Gewässer um Djerba und vor dem tunesischen Festland zwischen Adjim und der libyschen Grenze.

Die fischereiwirtschaftlichen Verhältnisse der Nordzone weichen stark von denen der beiden anderen Zonen ab. Aufgrund der oben angeführten natürlichen Bedingungen liegt hier der Hauptakzent auf dem Fang pelagischer Fischarten, insbesondere von Sardinen. In den vier ostalgerischen Fischereihäfen wurden 1969 1 703 t „poisson bleu", aber nur 618 t „poisson blanc" angelandet. An den felsigen Steilküsten Algeriens wie auch in der Umge-bung der aus vulkanischen Gesteinen aufgebauten Galite-Inseln ist der Fang von Crusta-ceen von Bedeutung. In den vier Fischereihäfen des algerischen Blattanteils — Skikda, Collo, Annaba, El Kala — wurden 1969 2 650 t (1975: 1 530 t) angelandet, was einen Anteil von lediglich 11,5 % an der gesamten Fangmenge Algeriens bedeutet. Der Schwer-punkt der algerischen Fischerei liegt nach wie vor im Westen, besonders vor der Küste des Oranais. Die großen ostalgerischen Städte müssen teilweise noch durch Fischlieferungen aus dem westlichen Landesteil versorgt werden.

An den Landeplätzen der tunesischen Nordküste, von Tabarka bis Nabeul, betrugen 1969 die Anlandungen 6 875 t, was einen Anteil von 23 % an der Landesproduktion bedeutete. Das fischereiwirtschaftliche Potential der Nordküste wird erst wenig ausge-

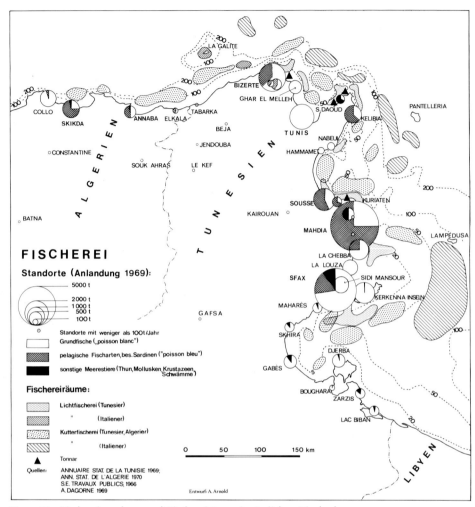

Figur 17   Fischereistandorte und Fischereiräume im östlichen Maghreb.

nutzt, wofür verschiedene Ursachen verantwortlich sind; küstenmorphologische und ungünstige meteorologische Verhältnisse boten der Küstenfischerei wenig Ansätze. Die Fischerei erfordert hier größere und stärkere Schiffe und damit ein höheres Kapitalaufkommen, welches die traditionelle Fischerei kaum aufbringen konnte. Die bäuerliche Bevölkerung im Küstenteil verspürte auch wenig Neigung, einem Erwerb auf dem Meere nachzugehen. Hier fehlte bisher ein geschützter Hafen zwischen Bizerte und der algerischen Grenze. Tabarka besaß bisher nur eine offene Reede, wurde aber seit 1968 mit deutscher Hilfe zum Handels- und Fischereihafen ausgebaut. Nach seiner Fertigstellung (1973/74) finden auch größere Kutter Anlegemöglichkeiten.

Der nordöstliche Küstenabschnitt Tunesiens ist mit der älteren Anlage von Bizerte (1969: 2 353 t) und den modernen Fischereihäfen von La Goulette (1 768 t) und Kelibia (988 t) ausreichend ausgestattet. Kelibia ist außerdem Sitz einer mit schwedischer Hilfe errichteten Fischereifachschule.

An der tunesischen Ostküste liegen die wichtigsten Fischereistandorte, von denen aus der vorgelagerte breite Schelf, der wichtigste Produktionsraum des östlichen Maghreb, befischt wird. In den 16 Fischereistandorten der östlichen Zone wurden 1969 etwa 73 % der tunesischen Fänge angelandet, hier lebten nach der Volkszählung 1966 auch 63 % der in der Fischerei tätigen Erwerbspersonen. Die flache Küste und wesentlich günstigere meteorologische Verhältnisse als an der Nordküste erlauben einen Fischfang ohne großen technischen Aufwand. Ein dichtes Netz von Städten und Großdörfern bot im Sahel von Sousse — Monastir günstige Absatzverhältnisse. Auch heute noch spielt hier die sogenannte kleine Küstenfischerei eine wichtige Rolle, sie erbrachte 1969 ein Drittel der gesamten Fangmenge von 21 500 t. Manche der kleinen Landeplätze, die mit nicht viel mehr als einer Steinmole ausgestattet sind, registrieren erstaunlich hohe Anlandungen, wie etwa La Chebba (1969: 1 300 t) und Port Kerkennah (1 360 t). Standorte der Kutterfischerei sind die Handelshäfen Sousse (1 530 t) und Sfax (5 870 t) sowie der 1967 eröffnete große Fischereihafen Mahdia (7 835 t), der zugleich der wichtigste Standort der tunesischen Fischkonservenindustrie ist. Die in Mitteltunesien ansässige Fischerbevölkerung wandert während der Fangsaison auch in weiter entfernte Küstenstriche. So wird z. B. das Tonnar von Ras Zebib, südöstlich von Bizerte, von Fischern aus Sfax und von den Kerkennah-Inseln betrieben.

Die südliche Fischereizone ist das fischereiwirtschaftliche Entwicklungsgebiet Tunesiens. Die Fischgründe sind bisher kaum erforscht. Als Betriebsform ist neben der Schwammfischerei und der Lagunenfischerei ausschließlich die Küstenfischerei vertreten. Entsprechend niedrig ist die Produktivität. Das Gouvernorat Médénine stellte mit 1 884 Personen (1966) zwar 18 % der Fischer Tunesiens, sie erbrachten aber lediglich 4 % der Fänge! Die Kutterfischerei konnte erst eingeführt werden, als der bisher einzige moderne Fischereihafen der Südküste in Gabès 1973 fertiggestellt wurde (1975: 2 Kutter!).

3.7 Das Fremdenverkehrsgewerbe

Das Fremdenverkehrsgewerbe Tunesiens bildet einen der erfolgreichsten Wirtschaftszweige Tunesiens der Postkolonialzeit. Tunesien zählt heute zu den unbestrittenen Reiseländern des Mittelmeerraumes, der Tourismus ist nicht nur eine der wichtigsten Devisenquellen des Landes, er hat auch erhebliche Impulse für die wirtschaftliche, soziale und regionale Entwicklung des Landes gegeben.

Im Vergleich zu Tunesien — und auch zu Marokko — ist der Fremdenverkehr in Algerien von untergeordneter Bedeutung geblieben. Zu Beginn der sechziger Jahre, als der Massenflugtourismus den südlichen Mittelmeerraum erfaßte, behinderten der Algerienkrieg und die ihm folgenden politischen Wirren die Entwicklung dieses Wirtschaftszweiges. Später war es die staatliche Entwicklungspolitik, die dem Fremdenverkehr nur einen sehr untergeordneten Stellenwert einräumte. Zwar wurde bereits 1966 ein Siebenjahresplan 1967—1973 für das algerische Fremdenverkehrsgewerbe verabschiedet, der die Bettenkapazität des Landes von damals 8 000 auf 35 000 erweitern sollte, doch wurde dieses Soll bei weitem nicht erreicht: für 1975 wird eine Beherbergungskapazität von 14 400 Betten angegeben (ANNUAIRE STATISTIQUE DE L'ALGÉRIE 1976, S. 290). Im gleichen Stichjahr verfügte Marokko über 40 700, Tunesien über 62 400 Betten. Die Beherbergungsbetriebe Algeriens bestehen noch zum größten Teil aus kolonialzeitlichen Stadthotels, die für einen Freizeittourismus wenig geeignet sind. Auf den Raum Algier entfallen allein 42 % (6 090 Betten; 1975) des gesamten Bettenbestandes. Diese Beherbergungskapazität genügt oft nicht dem normalen Geschäftsreiseverkehr, geschweige den Anforderungen des Massentourismus. Für den Freizeittourismus wurden einige küstenständige Hotelkomplexe bei Oran, Algier und Bejaia errichtet. Außerdem wurden in den letzten Jahren die größeren Sahara-Oasen mit modernen Etappenhotels für den Rundreisetourismus ausgestattet. Im Gebiet des ostalgerischen Anteils der Karte N 12 ließen sich nur im Raum Annaba zwei neue Hotelkomplexe mit zusammen 850 Betten feststellen, die fast ausschließlich dem Geschäftsreiseverkehr in diesem Entwicklungspol dienen. Außerdem wurden die beiden Oasen El Oued und Touggourt mit neuen Etappenhotels ausgestattet. Die folgenden Ausführungen können sich daher auf den Fremdenverkehr Tunesiens beschränken.

3.7.1 Die Entwicklung des Fremdenverkehrs in Tunesien

Tunesien wurde erst von etwa 1963 an in den Massentourismus des Mittelmeerraumes einbezogen, als der Algerienkrieg beendet war (1962), das Düsenflugzeug die Reisezeit von Mitteleuropa her auf etwa 2 Stunden verkürzt und die preiswerten Charterflugreisen das Land in die Reichweite breiterer Sozialschichten gebracht hatten. Die Voraussetzung auf der Angebotsseite für den Aufschwung des Gewerbes war der Ausbau der Beherbergungskapazität einschließlich der nötigen Infrastruktur. Der tunesische Staat leistete Pionierdienste, indem eine 1959 von ihm gegründete Hotelbetriebsgesellschaft SHTT eine Kette von 20 modernen Hotels aufbaute. Trotz einiger Fehlgründungen war das Beispiel des Staates so erfolgreich, daß sich von etwa 1965 an auch das tunesische Privatkapital stark im Hotelsektor engagierte. Neben tunesischen Banken, Gewerkschaften und regionalen Entwicklungsgesellschaften traten besonders einige Teppichhändlerfamilien aus Kairouan als Investoren auf. Von etwa 1969 an läßt sich eine stärkere Beteiligung von ausländischen Kapitalgebern aus Europa und den arabischen Ölstaaten feststellen, als das beschränkte Kapitalaufkommen des Entwicklungslandes für die weitere Expansion der Branche offensichtlich nicht mehr ausreichte. Bis 1977 erreichten die akkumulierten Investitionen im Beherbergungsgewerbe die Summe von etwa 1,1 Mrd. DM (ONTT 1977, S. 60). Der Bettenbestand stieg von 4 077 (1962) auf 37 185 (1970), ein Wert, welcher der Darstellung auf der Karte N 12 zugrundeliegt. Bis Ende 1977 hatte sich die Beherbergungskapazität auf rund 64 000 Betten erhöht. Die stürmische Entwicklung des Fremdenverkehrs wird aus *Tabelle 13* sichtbar.

Die in manchen Jahren allzu hektische Entwicklung des Gewerbes — die Zuwachsraten der Übernachtungen lagen mehrmals bei über 50 % — ist die Ursache für manche Mängel bei den Gebäuden und vor allem beim Service der tunesischen Hotellerie.

Tabelle 13   Die Entwicklung des tunesischen Fremdenverkehrs 1962—1977

Jahr	Beherbergungs-betriebe	Betten	einreisende Ausländer	Übernachtungen	Zuwachs (%)
1962	74	4 077	52 752	395 777	+ 23,5
1963	84	5 743	104 731	540 759	+ 36,6
1964	91	7 573	138 238	694 374	+ 28,4
1965	102	9 619	165 840	1 129 416	+ 62,7
1966	141	17 061	218 817	1 636 881	+ 44,9
1967	151	18 786	231 088	2 030 086	+ 24,0
1968	176	24 709	330 284	3 082 313	+ 51,8
1969	201	31 691	373 320	3 406 442	+ 10,5
1970	218	37 185	410 749	3 819 616	+ 12,1
1971	233	42 996	608 206	5 821 090	+ 52,4
1972	241	47 824	780 350	6 777 779	+ 16,4
1973	254	54 617	721 897	5 882 497	— 13,2
1974	260	56 292	716 003	5 636 385	— 4,2
1975	273	62 397	1 013 851	8 889 442	+ 57,7
1976	276	62 181	977 818	8 890 089	± 0
1977	288	64 097	1 015 966	8 117 600	— 8,7

Quelle: ONTT, Le tourisme en chiffres (1977, S. 61)

3.7.2 Strukturmerkmale des tunesischen Fremdenverkehrs

Die Herkunftsgebiete der Touristen sind eindeutig die europäischen Industrieländer, auf sie entfallen rund 95 % der Ausländerübernachtungen. Die arabischen Nachbarländer spielen nur eine untergeordnete Rolle; der Binnenreiseverkehr ist — wie in einem Entwicklungsland zu erwarten — nur mit etwa 5 % an der Gesamtzahl der Übernachtungen beteiligt. Unter den einzelnen Nationen steht seit einigen Jahren Frankreich mit 36,7 % der Ausländerübernachtungen an der Spitze, gefolgt von der Bundesrepublik Deutschland mit 22,6 % sowie Großbritannien und Skandinavien mit je 6,8 %.

Über 80 % der Touristen reisen mit dem Flugzeug ein, etwa 80—85 % aller Übernachtungen werden im Rahmen von Pauschalarrangements gebucht (NETTEKOVEN 1972, S. 102). Dieses Vorherrschen des organisierten Charterflugtourismus mit Vollpension bindet das Gros der Touristen sehr stark an ihre Hotelstandorte. Ohne eigenes Fahrzeug ist der Flugreisende sehr immobil, sein Aktionsradius beschränkt sich auf den Fußgängerbereich. Eine Ausnahme bilden die von den Hotels organisierten 1—2tägigen Busausflüge zu einigen wenigen markanten Zielpunkten im Landesinneren. Insgesamt engt aber das Vorherrschen des Charterflugtourismus die Reichweite des Fremdenverkehrs auf die Nahbereiche der wenigen Küstenstandorte ein, das Binnenland wird von ihm kaum berührt.

Von allen in Tunesien vorkommenden Fremdenverkehrsarten dominiert heute eindeutig der Badetourismus. Die Sandstrände bilden daher zusammen mit dem strahlungsreichen Klima das wichtigste fremdenverkehrsgeographische Potential des Landes. Luft- und Wassertemperaturen ermöglichen den Badebetrieb von Mai bis Oktober/ November.

Figur 18   Modernes Hotel in der Fremdenverkehrszone Sousse-Nord. 7. 4. 1972

Neben dem Badetourismus spielen die sonstigen Fremdenverkehrsarten wie Kongreß-
tourismus, Jagdreisen, Sommerfrischen- und Heilbäderverkehr nur eine untergeordnete
Rolle. Der Ausflugs- und Rundreiseverkehr erfüllt eine wichtige Komplementärfunktion
für die Küstenbadeorte, indem er den eintönigen Urlaub auflockert und dem Land ein
exotisches Image unter den konkurrierenden mediterranen Reiseländern verleiht. Selbstverständlich prägt der Badetourismus auch den Saisonrhythmus: 88,2 % aller Übernachtungen entfielen 1977 auf das Sommerhalbjahr (April—September), 31,3 % allein auf die
Monate Juli und August. Verglichen mit europäischen Seebadeorten ist die Saison allerdings wesentlich länger.

3.7.3   Einflüsse des Fremdenverkehrs auf die Wirtschafts- und Sozialstruktur

Die Entwicklung des Fremdenverkehrsgewerbes zu einem der erfolgreichsten Wirtschaftszweige Tunesiens blieb nicht ohne Einfluß auf die Wirtschafts- und Sozialstruktur des
Landes. Ihre Auswirkungen sind freilich nur schwer quantifizierbar.

Leicht zu ermitteln sind die Brutto-Deviseneinnahmen. Sie stiegen von
31,6 Mio. DT (1970) auf 135 Mio. DT (1977). Damit ist der Tourismus heute nach dem
Erdölexport (1977: 160,9 Mio. DT) die wichtigste Devisenquelle des Landes, selbst wenn
man von den Bruttoeinnahmen 20—30 % für Importe, die der Fremdenverkehr induziert,

abzieht. Die tunesische Volkswirtschaft hat bereits einen derartigen Entwicklungsstand, daß sie die vom Fremdenverkehr ausgehenden Impulse aufnehmen kann. Im Unterschied zur Industrie können seine Einrichtungen zum allergrößten Teil mit Arbeitskräften und Produkten des eigenen Landes errichtet und unterhalten werden. Es kann kein Zweifel bestehen, daß der größte Teil der vereinnahmten Devisen im Lande verbleibt und auf die Volkswirtschaft Multiplikatoreffekte ausübt, die sich allerdings nur schwer quantifizieren lassen.

Indirekte Nutznießer des Fremdenverkehrs sind vor allem die Bauwirtschaft und einige Industriezweige (Möbelfabriken, Matratzenfabrik Sousse, Webereien, Getränkeindustrie). Nicht zuletzt ist die Belebung des tunesischen Kunsthandwerks ein überall sichtbares Beispiel für die vom Fremdenverkehr ausgehenden wirtschaftlichen Folgewirkungen (s. *Figur 19* und *20).

Für ein Entwicklungsland ist die hohe Arbeitsintensität des Fremdenverkehrsgewerbes besonders wertvoll. Da in Tunesien für 2—3 Fremdenbetten eine Arbeitskraft benötigt wird, sind derzeit etwa 25 000 Tunesier in der Hotellerie direkt beschäftigt. Mindestens die gleiche Zahl von Arbeitsplätzen dürfte indirekt in den Folgegewerben entstanden sein. Der Wert dieser Arbeitsplätze wird allerdings durch ihren überwiegenden Saisoncharakter beeinträchtigt. Auch stellen die Hoteliers vorwiegend junge, ungelernte Kräfte ein, die relativ geringe Löhne erhalten und bei ungünstigem Geschäftsverlauf leicht entlassen wer-

Figur 19   Touristen auf dem Wochenmarkt von Houmt Souk (Djerba). 12. 4. 1972

Figur 20   Typisches tunesisches Souvenirgeschäft am Eingang des Basars von Houmt Souk (Djerba).
12. 4. 1972

den können. Der überwiegende Teil der Arbeitsplätze im Fremdenverkehrsgewerbe ist
also alles andere als sozial abgesichert; eine hohe Personalfluktuation ist die Folge.

Daß der Fremdenverkehr den sozialen Wandel nicht nur in positiver Richtung beeinflußt, ist unbestreitbar, wenn darüber auch so gut wie keine empirischen Untersuchungen
vorliegen. Beim Zusammenprall einer westlichen Freizeitgesellschaft mit einem islamisch
geprägten Milieu können Konfliktsituationen nicht ausbleiben.

3.7.4 Die tunesischen Fremdenverkehrsräume

Der Fremdenverkehr konzentriert sich in Tunesien im wesentlichen auf die vier Standorte
Tunis, Hammamet-Nabeul, Sousse-Monastir und Djerba-Zarzis. Auf diese vier Räume
entfielen 1970 rund 84 % des Bettenbestandes und 93 % der Ausländerübernachtungen;
bis 1977 hatte sich der Konzentrationsgrad auf 89 % bei den Betten und 94 % bei den
Übernachtungen noch leicht erhöht. Während 1962 noch 40 % der Betten und 52,6 % der
Übernachtungen auf die Stadt Tunis entfielen, dominieren heute die Küstenstandorte, die
kolonialzeitliche Konzentration des Gewerbes auf Tunis ist abgebaut (s. *Tab. 14*). Neben
den vier Hauptzentren spielen die kleineren Fremdenverkehrsstandorte Tabarka, Bizerte,
Gabès und die Oasensiedlungen Nefta und Tozeur nur eine untergeordnete Rolle.

Tabelle 14   Regionale Verteilung der Ausländerübernachtungen in Tunesien

	1962		1965		1970		1977	
	Anzahl	%	Anzahl	%	Anzahl	%	Anzahl	%
Tunis	208 174	52,6	300 550	26,6	484 789	12,7	724 426	8,9
Hammamet-Nabeul	87 183	22,0	239 007	21,2	1 335 340	35,0	2 565 192	31,6
Sousse-Monastir	32 813	8,3	219 835	19,5	1 018 877	26,6	2 885 712	35,6
Djerba-Zarzis	21 305	5,4	122 422	10,8	687 911	18,0	1 454 024	17,9
restl. Tunesien	46 302	11,7	247 602	21,9	292 699	7,7	488 223	6,0
Summe	395 777	100	1 129 416	100	3 819 616	100	8 117 577	100

Quelle: ONTT, Le tourisme en chiffres (1961—65, Tableau C 10; 1970, S. 30; 1977, S. 45).

Im Sinne einer ausgeglichenen Regionalstruktur ist es sehr zu begrüßen, daß wenigstens auf dem Gebiet des Fremdenverkehrs die Vorrangstellung der Landeshauptstadt abgebaut wurde, während sie sich beim sekundären und vor allem beim tertiären Wirtschaftssektor weiter verstärkt. Als positiv muß man auch bewerten, daß im Sahel von Sousse-Monastir und in der Region Djerba-Zarzis, Gebieten mit ehedem hohen Abwanderungsraten, neue wirtschaftliche Aktivitäten induziert wurden. Andererseits verstärkte der Ausbau der Fremdenverkehrszentren das seit langem vorhandene Entwicklungsgefälle von der Küste zum Binnenland. Angesichts des in allen Mittelmeerländern heute vorherrschenden Badetourismus ist diese asymmetrische Raumentwicklung aber wohl unvermeidlich. Die Raumstruktur des tunesischen Fremdenverkehrs ist somit vom Standpunkt der Landesplanung her alles andere als ideal.

Für die starke Konzentration des Fremdenverkehrs auf nur vier Hauptzentren sind mehrere Gründe verantwortlich:

—Die Entfernung zu den Flughäfen Tunis-Carthage, Monastir-Skanès und Djerba-Mellita. Der Zeitaufwand beim Transfer der Touristen soll möglichst 1—2 Stunden nicht überschreiten.

—Die Kosten der Infrastruktur (Straßen, Wasser- und Abwasserleitungen, Elektrizitätsversorgung) verringern sich relativ bei einer Konzentration der Beherbergungsbetriebe. Aus diesen Gründen fördert der tunesische Staat nur noch den Ausbau der großen Zentren, um die Kosten seiner Vorleistungen möglichst niedrig zu halten. Er hat sich vom dezentralisierten Konzept der frühen sechziger Jahre, als die staatliche Hotelgesellschaft SHTT Hotels in breiter Streuung im Lande errichtete, abgewandt.

—Die starke Machtstellung der europäischen Reisekonzerne, die schon aus Gründen der Rationalisierung daran interessiert sind, sich nicht auf zu viele Zielgebiete zu zersplittern. Die Vermarktung der tunesischen Fremdenverkehrskapazität erfolgt ja nicht direkt zwischen Vermietern und Kunden wie in Mitteleuropa, sondern zwischen den Hotels und den Reiseagenturen, die durch ihre geringe Zahl eine oligopolistische Stellung auf dem tunesischen Markt einnehmen.

Der relative Anteil der Stadt T u n i s am gesamten Fremdenverkehr Tunesiens ist zwar in den letzten 15 Jahren sehr stark zurückgegangen (s. *Tab. 14*), die absolute Zahl der Übernachtungen stieg aber stark an. Bei den in Tunis übernachtenden Ausländern handelt es sich nur teilweise um Erholungsreisende; der überwiegende Teil dürfte aus Geschäfts- und Kongreßreisenden bestehen, wie sie in einer Landeshauptstadt immer in größerer Zahl anzutreffen sind. Die Übernachtungskapazität, auf der Karte N 12 mit 4 600 Betten (Stand 1. 1. 1970) angegeben, wurde bis Ende 1977 auf 6 670 Betten ausgebaut. Neben den Stadthotels von Tunis entstanden im Küstenabschnitt zwischen Karthago und Gamarth eine Reihe moderner Beherbergungsbetriebe, die auch für einen Badeurlaub zu verwenden sind. Die Vorteile des Strandhotels lassen sich mit den Abwechslungen und Kulturschätzen der nahen Landeshauptstadt kombinieren.

Ausgangspunkt des Fremdenverkehrs auf der Halbinsel Cap Bon war das Städtchen Hammamet, das bereits vor dem 1. Weltkrieg in bescheidenem Umfang als Bade- und Winterkurort besucht wurde. Das erste größere Hotel wurde 1958 gebaut. In den folgenden Jahren wurde ein etwa 20 km langer Küstenabschnitt mit Hotels und Feriendörfern bebaut. Die Bebauung dringt aber kaum mehr als 500 m landeinwärts. Der extreme Bandcharakter dieses Fremdenverkehrsraumes erschwert die Kommunikation zwischen den einzelnen Hotels. Die Beherbergungskapazität von Hammamet-Nabeul auf der Karte N 12 mit 7 800 Betten vermerkt, wurde bis Ende 1977 auf 20 950 ausgeweitet.

Die Entwicklung des mitteltunesischen Fremdenverkehrsraumes Sousse — Monastir ging von der Stadt Monastir, Geburtsort und Sommerresidenz des Staatspräsidenten Bourguiba, aus. An der Strandpromenade von Monastir wurde 1961 das erste moderne Hotel eröffnet. Später griff die Hotelbebauung auf die westlich der Stadt gelegene Nehrung von Skanès sowie auf den Küstenabschnitt nördlich von Sousse über. Ein 15 km langer Küstenstreifen nördlich von Sousse erlebt gegenwärtig den größten Bauboom in der Geschichte des tunesischen Fremdenverkehrs. Mit internationaler Kapitalbeteiligung entsteht das Freizeitzentrum El Kantaoui, das in der Endstufe 14 000 Betten bereitstellen soll. Der Standort Sousse — Monastir, der seine Beherbergungskapazität bereits von 6 400 Betten (1970) auf 18 700 (1977) ausgeweitet hat, wird in absehbarer Zeit den ersten Platz unter den tunesischen Fremdenverkehrsräumen einnehmen. Die Ursachen für den stürmischen Aufschwung dieses Gebietes sind seine zentrale Lage in Tunesien, die Einrichtung eines fast ausschließlich auf die Bedürfnisse des Fremdenverkehrs eingestellten Flughafens, das reiche kulturelle Potential in den arabischen Altstädten von Sousse und Monastir sowie nicht zuletzt die Tüchtigkeit der Sahelbewohner. Ein ernstes Hindernis für die weitere Expansion bildet allerdings die Trinkwasserversorgung des Sahel.

Auf der Insel Djerba begann der Massentourismus ebenfalls mit dem Bau der ersten Strandhotels (1960). Da die Insel aus küstenmorphologischen Gründen nur an ihrer Nordostflanke gute Sandstrände auf einer Länge von etwa 30 km besitzt (s. *Figur 21*), beschränkt sich die Anlage von Hotels auf diesen Abschnitt. Die Beherbergungsbetriebe liegen weitab von den Siedlungen der Tunesier, so daß sie hier am stärksten den Charakter von Touristenghettos angenommen haben (s. *Figur 22*). Die Bettenzahl wurde von 3 600, wie auf der Karte N 12 für 1970 angegeben, auf 9 500 (1977) erhöht, was vor allem auf die Errichtung eines Ferienzentrums mit 2 500 Betten zurückzuführen ist. Ein wichtiger Faktor im Fremdenverkehrspotential der Insel ist ihre klimatische Begünstigung. Die Niederschläge im Mittel der Jahre 1901—1960 betragen 208 mm, sie fallen an nur 40 Regentagen (MENSCHING 1968 b, S. 251). Selbst der regenreichste Monat, der November, verzeichnet nur 5 Niederschlagstage. Die für den modernen Badetourismus so wichtige Son-

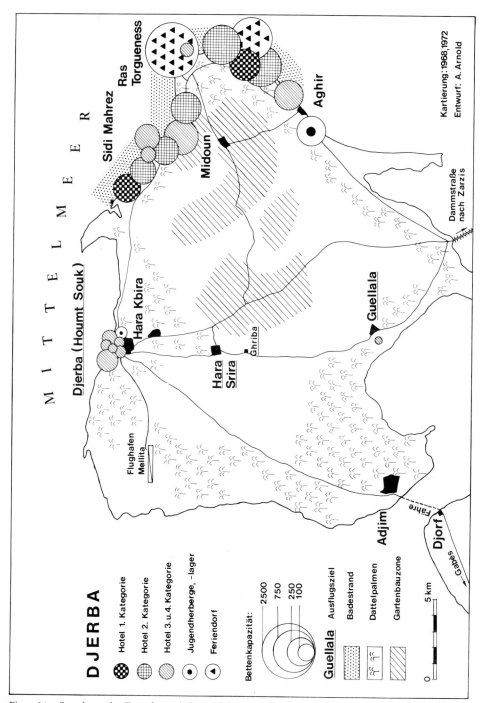

Figur 21   Standorte des Fremdenverkehrs auf der Insel Djerba.

Figur 22   Luftbild Djerba im Maßstab 1 : 10 000. Ausschnitt aus der Touristenzone an der Nordost-
küste der Insel. Links unten das Hotel Ulysses, ein linear gegliederter, mehrgeschossiger Baukörper. Oben
Hotel El Djazira, bestehend aus mehreren Hauskomplexen mit Kuppeldächern und Tonnengewöl-
ben. Der Tourismus hat ein Sand- und Dünengelände aufgewertet, das früher nur durch einzelne
Dattelpalmen zur Wedelgewinnung genutzt wurde. Deutlich abgesetzt ist das Kulturland südlich der
neuen Erschließungsstraße mit der für Djerba typischen Streusiedlung. Luftbild 70-TU 141/75
Nr. 047 von 1970. Originalmaßstab 1 : 7 500. © République Tunisienne. Freigabe durch Le Président
Directeur Général de l'Office de la Topographie et de la Cartographie vom 25. 1. 1980.

nenscheindauer erreicht mit jährlich 3 300 Stunden eine Summe, die um 500 Stunden über der von Tunis liegt. Der im Vergleich zu Nordtunesien viel geringere Bewölkungsgrad führt zu einer thermischen Begünstigung, die sich besonders in den Übergangsjahreszeiten auswirkt. Die Monatsmittel für März (16,0 °C) und November (18,2 °C) liegen um 3 °C über den Werten von Tunis (vergl. A. ARNOLD 1972 b, S. 464—489). Die Saison auf Djerba erstreckt sich über die Monate März bis Ende Oktober und ist damit deutlich länger als in den anderen tunesischen Fremdenverkehrsräumen. Während der europäischen Weihnachtsferien erlebt die Insel einen zusätzlichen Besucherstrom von allerdings sehr kurzer Dauer. Die Hotels haben daher ganzjährig geöffnet, lediglich die Feriendörfer schließen im Winterhalbjahr.

Die weitständige Streulage der Hotels hatte zur Folge, daß in der Touristenzone im Nordosten der Insel keine hotelunabhängigen Folgegewerbe entstehen konnten. Sie finden sich dafür in stärkster Konzentration im Inselhauptort Houmt Souk, obwohl dieser zwischen 11 und 25 km von den Hotelsiedlungen entfernt ist. Die Siedlung war schon immer das Handelszentrum der Insel, ausgestattet mit einem überdachten und nach Branchen differenzierten Basar (Souk). Die Verkaufsbuden waren meist nur an den beiden Wochenmarkttagen geöffnet. Innerhalb weniger Jahre stellte sich das Siedlungszentrum in seinen Funktionen weitgehend auf die Bedürfnisse der Touristen um. Die Läden im Basar sind dauernd geöffnet, haben ihr Sortiment geändert, 72 Souvenirgeschäfte (Stand 1972) sowie eine breite Palette von Dienstleistungsbetrieben wurden eröffnet (s. *Figur 23*). Die Wirtschaftsstruktur der Insel ist vom Fremdenverkehr stark überformt worden. Die Auswirkungen sind nicht nur positiver Art. Wie MZABI (1978, S. 126) nachgewiesen hat, beeinträchtigt die Lohnkonkurrenz der Hotels die traditionellen Erwerbszweige (Landwirtschaft, Fischerei, Handweberei).

Die kleineren Fremdenverkehrsstandorte Tunesiens spielen zwar in der Gesamtbilanz des Landes nur eine untergeordnete Rolle, für einzelne kleinere Siedlungen kann das Gewerbe aber durchaus von Bedeutung sein. Das gilt vor allem für die südtunesischen Oasen, in denen es so gut wie keine industriellen Arbeitsplätze gibt. Die Oasen Nefta, Tozeur und Gafsa sind das Ziel eines lebhaften Ausflugsverkehrs von den Küstenbadeorten her. Die Übernachtungskapazität wurde von 600 Betten (Karte N 12 für 1970) auf 1 400 Betten (1975) ausgebaut, mit dem Erfolg, daß die Übernachtungen von 70 400 (1970) auf 294 000 (1977) anstiegen. Demgegenüber stagniert die Entwicklung in der Küstenoase Gabès, vermutlich, weil die neue Phosphorsäurefabrik (s. *Kap. 3.3.6*) mit ihren Emmissionen nur 2 km von der Hotelzone entfernt ist.

Die Standorte an der Nordküste, Tabarka und Bizerte, sind durch ihre recht kurze Saison benachteiligt; der Auslastungsquotient des Beherbergungsgewerbes ist hier im Jahresdurchschnitt der niedrigste in Tunesien.

Die weitere Zukunft des tunesischen Fremdenverkehrsgewerbes wird man mit vorsichtigem Optimismus beurteilen dürfen, auch wenn die großen Zuwachsraten der sechziger Jahre endgültig vorüber sind. Für eine positive Bewertung sprechen die objektiv gegebenen Kostenvorteile aufgrund des niedrigen Lohnniveaus, der langen Saisondauer und der relativen Nähe zu den europäischen Quellgebieten der Touristenströme. Freilich bleibt das Gewerbe sehr anfällig für Störungen, die sowohl externe wie interne Ursachen haben können.

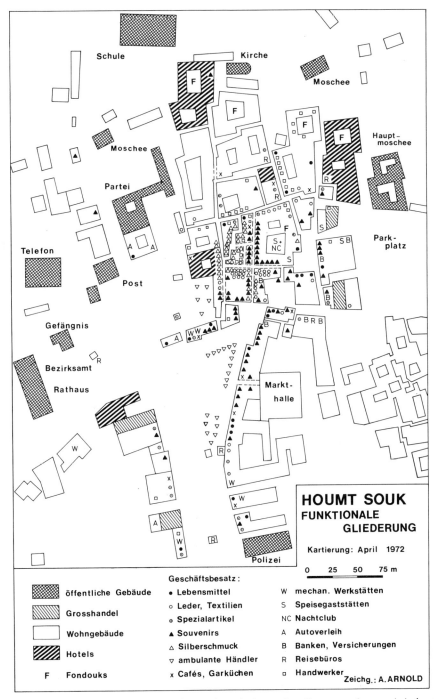

Figur 23   Stadtzentrum von Houmt Souk (Djerba) mit der starken Konzentration touristischer Folgegewerbe.

4   Grundzüge der Raumstruktur der nichtagraren Wirtschaft

Schon ein flüchtiger Blick auf die Karte N 12 zeigt, wie ungleichmäßig die Standorte der nichtagraren Wirtschaft im östlichen Maghreb verteilt sind. Auf die Landeshauptstadt Tunis entfallen allein etwa 40 % der in der tunesischen Blatthälfte erfaßten Beschäftigten. Aber selbst wenn man vom Sonderfall Tunis absieht, konzentrieren sich im Blattbereich die Bevölkerung und damit auch die wirtschaftlichen Aktivitäten sehr stark auf die Küstenzone. Das Binnenland weist nur wenige Standorte von Industrie, Handwerk von überörtlicher Bedeutung und Fremdenverkehr auf. Allein der Bergbau bietet eine größere Anzahl von nichtlandwirtschaftlichen Arbeitsplätzen — insgesamt etwa 23 000. Der vorherrschende Grundzug der wirtschaftsräumlichen Differenzierung ist ein Entwicklungsgefälle von der Litoralzone zum Binnenland.

Diese peripher-zentrale Raumstruktur ist für ehemalige Kolonialländer, deren „moderne" Entwicklung von außen induziert wurde, nichts Außergewöhnliches. Im Maghreb erfaßte die Agrarkolonisation vor allem die küstennahen Ebenen und Hügelländer, während die nichtlandwirtschaftlichen Wirtschaftszweige sich in den Hafenstädten konzentrierten. Sowohl die kolonialzeitliche Industrie wie der tertiäre Wirtschaftssektor fanden hier ihre optimalen Standorte. Im Rahmen des kolonialen Wirtschafts- und Herrschaftssystems bildeten die Häfen die Verknüpfungspunkte zwischen Kolonie und Metropole. Da die Industrie teilweise exportorientiert, teilweise auf die Einfuhr von Vorprodukten angewiesen war, siedelte sie sich mit Vorliebe hier an. Außerdem erhielten die Hafenstädte mit ihrem starken europäischen Bevölkerungsteil lange vor den Binnenstädten eine ausreichende Infrastruktur; im 20. Jh. entwickelten sie sich zum Zielpunkt der Abwanderung aus den übervölkerten Landesteilen, so daß sie über ein reiches Angebot von Arbeitskräften verfügen.

Die Bevorzugung der Küstenzone geht in Tunesien auf vorkoloniale Raumstrukturen zurück. Seit der Antike lagen die Akticäume des Landes in den meisten Epochen an der Küste, wenn man von den ersten Jahrhunderten nach der arabischen Eroberung (7.—9. Jh.) absieht, als Kairouan das politische und wirtschaftliche Zentrum des Landes bildete. Die Kolonialzeit hat das traditionelle Übergewicht der Litoralzone nur noch erheblich verstärkt.

Demgegenüber geht das Übergewicht der Küstenstädte Algeriens erst auf die Kolonialzeit zurück. Die großen städtischen Zentren der Vorkolonialzeit lagen vorwiegend im Binnenland, die Stadt Algier bildet eine der wenigen Ausnahmen. Im besonderen Maße gilt das für Ostalgerien, wo die Stadt Constantine seit dem 3. Jh. vor Christus ohne Unterbrechung das überragende politische, wirtschaftliche und kulturelle Zentrum war. Die heute so wichtigen Hafen- und Industriestädte Annaba und Skikda waren bis zur Mitte des vorigen Jahrhunderts unbedeutende Siedlungen.

Die peripher-zentrale Raumstruktur der beiden Maghrebländer wird in Tunesien noch durch ein Nord-Süd-Gefälle, in Algerien durch ein West-Ost-Gefälle modifiziert. Während der Nord-Süd-Wandel Tunesiens primär auf die naturräumlichen Gegebenheiten, insbesondere auf die zunehmende Aridität, zurückzuführen ist, hat das West-Ost-Gefälle Algeriens historische Ursachen. Die europäische Kolonisation fand im Hinterland von Oran und Algier wesentlich günstigere Ansatzmöglichkeiten als in Ostalgerien mit seinen

Gebirgen und Hochflächen. Folglich wurden Infrastruktur, Städtenetz und Industrie im mittleren und westlichen Landesteil wesentlich besser ausgebaut als im östlichen. Während der 132jährigen Kolonialzeit fiel Ostalgerien zu einem Passivraum mit hohen Abwanderungsraten zurück.

Die postkoloniale Entwicklungspolitik der unabhängigen Nationalstaaten vermochte bisher nicht, das Übergewicht der Küstenzonen abzubauen. Tunesien hat übrigens das 1962 mit großen Hoffnungen begonnene regionalpolitische Konzept der Entwicklungspole im Binnenland nach dem Wechsel der Wirtschaftspolitik 1969/70 aufgegeben. Die Kosten waren offensichtlich zu hoch. Die Städte Béja (Zuckerfabrik) und Kasserine (Zellulose- und Papierfabrik) bleiben vorläufig die einzigen Zeugen des interessanten Versuchs, mit Hilfe von Industrieansiedlungen den tunesischen Binnenraum zu entwickeln. Als einziger Entwicklungspol Tunesiens wird gegenwärtig Gabès, eine Hafenstadt, ausgebaut. Ob aber die hier angesiedelten kapitalintensiven Industrien in der Lage sein werden, die von ihnen erhofften Entwicklungsimpulse für den Süden Tunesiens zu geben, muß man bezweifeln (EL MANOUBI 1977, S. 115—136). Unter den Bedingungen der gegenwärtigen Wirtschaftspolitik, die sich wieder weitgehend auf das Privatkapital stützt, wird die weitere Industrialisierung vor allem in den fünf Küstenräumen Bizerte-Menzel Bourguiba, Tunis, Sahel von Sousse-Monastir, Sfax und Gabès stattfinden. Für private Firmen sind die Standortvorteile, welche die Hafenstädte bieten, im Binnenland kaum auszugleichen. Der küstenorientierte Fremdenverkehr hat in den letzten 15 Jahren das Gewicht der Litoralzone weiter verstärkt — ein Prozeß, der auch in anderen Mittelmeerländern zu beobachten ist.

Demgegenüber verfolgt Algerien wie wenige andere Entwicklungsländer ein konsequentes Konzept einer ausgewogenen Regionalentwicklung mit Hilfe der Industrialisierung. Aus der Karte N 12 geht dies erst in Ansätzen hervor. Die in den Jahren 1967—1973 bevorzugt angesiedelten Grundstoffindustrien von Annaba (später auch Skikda) verstärkten zunächst das Gewicht der Küstenstandorte. Mit dem weiteren Ausbau der verarbeitenden Industrie, die bevorzugt im Binnenland angesiedelt wird, wird sich dieses Verteilungsmuster ändern. An den Binnenstandorten Constantine, Guelma, Souk Ahras, Ain-Beida, Tébessa und Batna wird dieses Konzept der Entwicklungspole sichtbar. Zur konsequenten Verwirklichung dieses regionalpolitischen Ansatzes bedarf es freilich sowohl des Instruments staatseigener Industriebetriebe, die bei der Standortwahl Rentabilitätsgesichtspunkte in den Hintergrund drängen können, als auch der finanziellen Mittel eines öl- und gasreichen Landes, über die Tunesien nun einmal nicht verfügt. Es bleibt abzuwarten, ob die algerische Industrialisierungspolitik die seit 50 Jahren zu beobachtende Binnenwanderung der Bevölkerung zur Küste wird abbremsen können.

Literaturverzeichnis

Aus der sehr umfangreich gewordenen Maghrebliteratur wurden die nachfolgenden Titel ausgewählt, da sie entweder im Text zitiert werden oder das Thema eng berühren.

Abkürzungen

Ann. Alg. Géo.	Annales Algériennes de Géographie. Algier
Bd., Bde.	Band, Bände
BfA	Bundesstelle für Außenhandelsinformationen. Köln
Bull. Liaison	Bulletin Liaison Cartographie et Statistiques. Algier
Bull. Ec. et Soc. Tun.	Bulletin Economique et Social de la Tunisie. Tunis
CERES	Centre d'Études et de Recherches Économiques et Sociales. Tunis
H.	Heft
Hrsg.	Herausgeber
IBLA	Revue de l'Institut des Belles Lettres Arabes. Tunis
Jb.	Jahrbuch
ONTT	Office National du Tourisme et du Thermalisme (bis 1973); ab 1974: Office National du Tourisme Tunisien
Rev. Tun. Sci. Soc.	Revue Tunisienne des Sciences Sociales. Tunis
S.	Seite
S.E.P.E.N.	Secrétariat d'Etat au Plan et aux Finances. Tunis

Literatur

AGERON, CH.-R. 1969: Histoire de l'Algérie contemporaine. «Que sais-je» Nr. 400, Paris.

ACHENBACH, H. 1971: Agrargeographische Entwicklungsprobleme Tunesiens und Ostalgeriens. Jb. der Geographischen Gesellschaft zu Hannover für 1970. Hannover.

AMIN, S. 1966: L'économie du Maghreb. 2 Bde. Paris.

— 1970: Le Maghreb moderne. Paris.

ANNUAIRE DE L'AFRIQUE DU NORD 1962: Centre de Recherches et d'Études sur les Sociétés Méditerranéennes. Annuaire de l'Afrique du Nord 1962. Paris.

ANNUAIRE STATISTIQUE DE L'ALGÉRIE 1970, 1976: République Algérienne Démocratique et Populaire. Secrétariat d'Etat au Plan. Direction des Statistiques et de la Comptabilité Nationale. Annuaire Statistique de l'Algérie, 1970, 1976. Algier.

ANNUAIRE STATISTIQUE DE LA TUNISIE (div. Jahrgänge): République Tunisienne. Institut National de la Statistique. Annuaire Statistique de la Tunisie, 1960, 1966, 1967, 1968, 1969, 1970/71, 1974/75. Tunis.

ARNOLD, A. 1971: Die Industrialisierung in Tunesien und Algerien. Entwicklungsprobleme nordafrikanischer Länder im Vergleich. Geographische Rundschau, Braunschweig. 23 (1971), S. 306—316.

— 1972 a: Die Industrialisierung in Algerien und Tunesien als Mittel zur Verbesserung der Regionalstruktur. Wiesbaden. (Deutscher Geographentag Erlangen — Nürnberg. Tagungsberichte u. wissenschaftliche Abhandlungen. S. 322—334.) Wiesbaden.

— 1972 b: Der Fremdenverkehr in Tunesien. Entwicklung, Struktur, Funktion und Fremdenver-
kehrsräume. In: Festschrift W. Gerling. Würzburger Geographische Arbeiten, Würzburg. 37
(1972), S. 453—489.
— 1978: Die junge Eisen- und Stahlindustrie im Maghreb. Die Erde, Berlin. 109 (1978),
S. 417—444.
— 1979: Untersuchungen zur Wirtschaftsgeographie Tunesiens und Ostalgeriens. Entwicklungsprobleme der gewerblichen Wirtschaftszweige (Bergbau, Verarbeitende Industrien, Energiewirtschaft). Jb. der Geographischen Gesellschaft zu Hannover für 1976. Hannover.
AYDALOT, PH. 1966: La structuration de l'espace économique tunisien. Rev. Tun. Sci. Soc., Tunis. 3
(1966), S. 65—93.

BANQUE CENTRALE DE TUNISIE 1967—1975: Rapport Annuel 1967, 1968, 1969, 1970, 1971, 1972,
1973, 1974, 1975. Tunis.
BANQUE EXTÉRIEURE D'ALGÉRIE 1971: Rapport Annuel 1971. Algier.
BANQUE NATIONALE D'ALGÉRIE 1975: Exercice 1975. Algier.
BERGER-LEVRAULT (Hrsg.) 1896: La Tunisie, histoire et description. 2 Bde. Paris.
BOLZ, R. 1976: Tunesien. Wirtschaftliche und soziale Strukturen und Entwicklung. Arbeiten aus dem
Institut für Afrika-Kunde, H. 6. Hamburg.
BORREL, A. 1956: Les types de pêche sur la côte septentrionale de la Tunisie. Publications de l'Institut
des Hautes Études de Tunis. Memoires Vol. 2. Paris.
BULLETIN ÉCONOMIQUE 1977: Algérie Presse Service. Bulletin Économique, Algier. 30 (1977).

CLAUSEN, U. 1969: Der algerische Sozialismus. Eine Dokumentation. Opladen.
CORNET, H. 1958: Le tissage de la laine à Djerba et artisanat. Les Cahiers de Tunisie, Tunis. 6 (1958)
N° 21/22, S. 139—161.

DAGORNE, A. 1969: La pêche en Algérie. Bull. Liaison, Algier. 6 (1969).
DELMAS, Y. 1952: L'île de Djerba. Les Cahiers d'Outre-Mer, Bordeaux. 18 (1952), S. 149—168.
DESPOIS, J. 1964: L'Afrique du Nord, 3. Auflage, Paris.
— 1966: La Tunisie. Paris.
DESPOIS, J.; & RAYNAL, R. 1967: Géographie de l'Afrique du Nord-Ouest. Paris.
DESTANNE DE BERNIS 1971: Deux stratégies pour l'industrialisation du tiers-monde. Les industries
industrialisantes et les options algériennes. Revue Tiers-Monde, Paris. 12 (1971), S. 545—563.

EL MANOUBI, K. 1977: Le pôle industriel de Gabès et son impact sur le développement du Sud Tuni-
sien. Rev. Tun. Sci. Soc., Tunis. 14 (1977), S. 115—136. Tunis.
EL MOUDJAHID 1978 a: Erdölförderung Algeriens 1976 und 1977. El Moudjahid (Tageszeitung),
Algier. 17. 1. 1978, S. 4.
— 1978 b: Les unités agricoles de Misserghin. Pour un contrôle rigoureux de l'environnement. El
Moudjahid (Tageszeitung), Algier. 5. 9. 1978, S. 3.
ELSENHANS, H. 1977: Algerien. Koloniale und postkoloniale Reformpolitik. Arbeiten aus dem Institut
für Afrika-Kunde, H. 14, Hamburg.

GAUDILLIÈRE, J. 1954: La pêche sur le littoral oriental de la Tunisie. Bull. Ec. et Soc. Tun., Tunis. 86
(1954), S. 45—72.
GENOUD, R. 1965: L'évolution de l'économie tunisienne. Genf (Université Genève, Faculté Sciences
Économiques et Sociales. Thèse Nr. 194).
GERLING, W. 1954: Die moderne Industrie. Würzburg.
GIESSNER, K. 1971: Der mediterrane Wald im Maghreb. Geographische Rundschau, Braunschweig.
23 (1971), S. 390—400.
GOLVIN, L. 1957: Aspects de l'artisanat en Afrique du Nord. Publications de l'Institut des Hautes Étu-
des de Tunis. Section Lettres Vol. 2. Paris.
GROUPE HUIT 1971: Les villes en Tunisie. 2 Bde. Tunis.
GUERNIER, E. (Hrsg.) 1948: Tunisie. L'encyclopédie coloniale et maritime. Paris.

IBRAHIM, F. 1975: Das Handwerk in Tunesien. Eine wirtschafts- und sozialgeographische Struktur-
analyse. Jb. der Geographischen Gesellschaft zu Hannover, Sonderheft 7. Hannover.
INDUSTRIE 1968: République Algérienne Démocratique et Populaire. Sous Direction des Statistiques.
Industrie 1968, Tome 3. Algier 1970.
INDUSTRIES ET TRAVAUX D'OUTRE-MER 1977: Le Ve Plan de développement 1977—1981 de la Tunisie.
Industries et Travaux d'Outre-Mer, Paris. 25 (1977).
INFORMATION ÉCONOMIQUE AFRICAINE 1970: L'artisanat. Information Économique Africaine, Tunis.
Numéro Special Nabeul. 10 (1970), 1. S. 18—21.
I. S. I. C. 1968: United Nations. Department of Economic and Social Affairs. Statistical Office of the
United Nations. International Standard Industrial Classification of all Economic Activities. Stati-
stical Papers, Series M, No. 4, Rev. 2 (1968). New York.
ISNARD, H. 1969: L'Algérie ou la décolonisation difficile. Méditerranée, Aix-en-Provence, 10 (1969).
S. 325—340.

KASSAB, A. 1976: Histoire de la Tunisie. L'époque contemporaine. Tunis.
KLUG, H. 1973: Die Insel Djerba. Wachstumsprobleme und Wandlungsprozesse eines südtunesischen
Kulturraumes. Schriften des Geographischen Instituts der Universität Kiel. 38 (1973), S. 45—90.
Kiel.

LEPIDI, J. 1955: L'économie tunisienne depuis la fin de la guerre. Service Tunisien des Statistiques.
Tunis.
LISSE, P.; & LOUIS, A. 1954: Nabeul, les nattes et les nattiers. IBLA, Tunis. 17 (1954), S. 49—92.

MAGHREB — MACHREK 1976 a: Les budgets de l'Algérie, du Maroc et de la Tunisie. Maghreb —
Machrek, Paris. 72 (1976), S. 39—54.
— 1976 b: Une Algérie en mutation à l'heure de la Charte Nationale. Maghreb — Machrek, Paris.
73 (1976), S. 70—77.
MARCHÉS TROPICAUX ET MÉDITERRANÉENS 1961: Le marché Algérien. Marchés Tropicaux et Méditerranéens, Paris. 25. 3. 1961.
MENSCHING, H. 1968 a: Bericht über Stand und Aufgaben des „Afrikakartenwerkes" — Schwer-
punktprogramm der Deutschen Forschungsgemeinschaft —. Die Erde, Berlin. 99 (1968),
S. 14—20.
— 1968 b: Tunesien. Eine geographische Landeskunde. Darmstadt.
— 1970: Was ist der Maghreb? Deutsche Geographische Forschung in der Welt von heute. Festschrift E. Gentz. Kiel. .
— 1971: Der Maghreb. Eine regionalgeographische Einführung. Geographische Rundschau, Braunschweig. 23 (1971), S. 289—296.
MIOSSEC, J. M. 1972: La croissance du tourisme en Tunisie. L'Information Géographique, Paris. 4
(1972), S. 1—10.
MZABI, H. 1978: La croissance urbaine accélérée à Djerba et ses conséquences sur la vie de relations
avec l'extérieur. Tunis.

NETTEKOVEN, L. 1972: Massentourismus in Tunesien. Soziologische Untersuchungen an Touristen
aus hochindustrialisierten Gesellschaften. Studienkreis für Tourismus. Starnberg.

OHNECK, W. 1967: Die französische Algerienpolitik 1919—1939. Köln-Opladen.
ONTT 1961—1965, 1970: République Tunisienne. Office National du Tourisme et du Thermalisme.
Le tourisme en chiffres 1961—1965, 1970. Tunis.
— 1977: République Tunisienne. Office National du Tourisme Tunisien: Le tourisme en chiffres
1977. Tunis.
ORTNER-HEUN, I. 1970: Tunesien als Wirtschaftspartner. BfA, 2 Bde. Köln.

PASCHEN, W.: Das Verkehrswesen und die Wirtschaft Französisch-Nordafrikas. Archiv für das Eisen-
bahnwesen.
    Algerien: 64 (1941), S. 1015—1062.
    Tunesien: 65 (1942), S. 81—119.
PERSPECTIVES DÉCENNALES 1962: République Tunisienne. S. E. P. E. N. Perspectives Décennales
    1962—1971, 1962. Tunis.
PLAN QUADRIENNAL 1970—1973: République Algérienne Démocratique et Populaire: Plan Quadrien-
    nal 1970—1973. Rapport.Général 1970. Algier.
PLUM, W. 1967: Sozialer Wandel im Maghreb. Hannover.
PONCET, J. 1971: L'économie tunisienne depuis l'indépendance. In: DEBBASCH, CH. (Hrsg.): Les éco-
    nomies maghrébines. Paris. S. 89—110.
— 1974: La Tunisie à la recherche de son avenir. Indépendance ou néocolonialisme? Paris.

RECENSEMENT DES ACTIVITÉS INDUSTRIELLES 1966, 1969: République Tunisienne. Institut de la Statisti-
    que. Recensement des Activités Industrielles. Résultats 1966, 1969, Tunis.
RÉTROSPECTIVES DÉCENNALES 1972: République Tunisienne. Ministère du Plan. Rétrospectives Décen-
    nales 1962—1971. 1972. Tunis.
REVAULT, J. 1967: Arts traditionels en Tunisie. Publications de l'Office Nationale de l'Artisanat de
    Tunisie. Tunis.

SCHLIEPHAKE, K. 1975: Erdöl und regionale Entwicklung. Beispiele aus Algerien und Tunesien. Ham-
    burger Beiträge zur Afrika-Kunde, Bd. 18. Hamburg.
SECRÉTARIAT D'ÉTAT AUX TRAVAUX PUBLICS 1966: Plan Général d'Infrastructure pour le développement
    de la pêche maritime en Tunisie. 2 Bde. Tunis.
SETHOM, H. 1964: Les artisans potiers de Moknine. Rev. Tun. Sci. Soc., Tunis. 1 (1964), S. 53—70.
— 1976: Agriculture et tourisme dans la région de Nabeul-Hammamet. Coexistence féconde ou
    déséquilibre croissant? Les Cahiers de Tunisie, Tunis. 24 (1976), S. 101—111.
SOUS-DIRECTION DES STATISTIQUES 1970: Industrie 1968. Algier.
STATISTIQUES FINANCIÈRES 1978: Banque Centrale de Tunisie: Statistiques Financières N° 49, 1978,
    Tunis.
STB (div. Jahrgänge): Société Tunisienne de Banque, Exercice 1971, 1973, 1975, 1977, Tunis.
STEIN, N. 1970: Die Fischereiwirtschaft Westsiziliens und ihre Auswirkungen auf die Siedlungs- und
    Bevölkerungsstruktur. Freiburger Geographische Hefte, Freiburg i. B. 8 (1970).
STUCKMANN, G. 1968: Hydrogeographische Untersuchungen im Bereich der mittleren Medjerda und
    ihre Bedeutung für den Landschaftshaushalt in Nordtunesien. Jb. der Geographischen Gesell-
    schaft zu Hannover, Sonderheft 3. Hannover.
SUTTON, K. 1976: Industrialisation and regional development in a centrally-planned economy. The
    case of Algeria. Tijdschrift voor Economische en Sociale Geografie, Amsterdam. 67 (1976),
    S. 83—94.

TAUBERT, K. 1967: Der Sahel von Sousse und seine Randlandschaften. Jb. der Geographischen
    Gesellschaft zu Hannover für 1967. Hannover.
TOMAS, F. 1970: Les mines et la région d'Annaba. Revue de Géographie de Lyon, Lyon 45 (1970),
    S. 31—59.

VERLAQUE, CH. 1970: L'industrialisation des ports de la Méditerranée Occidental. Thèse de doctorat-
    ès-lettres. Montpellier.
VIBERT, J. 1956: L'économie tunisienne à la fin de 1955. La Documentation Française. Notes et Étu-
    des Documentaires Nr. 2216—2217. Paris.
VIRATELLE, G. 1970: L'Algérie algérienne. Paris.

WAGNER, H.-G. 1973: Die Souks in der Medina von Tunis. Versuch einer Standortanalyse von Einzelhandel und Handwerk in einer nordafrikanischen Stadt. Schriften des Geographischen Instituts der Universität Kiel, Kiel 38 (1973), S. 91—142.

WIRTH, E. 1971: Syrien. Eine geographische Landeskunde. Darmstadt.

Kartenverzeichnis

CARTE D'ALGÉRIE 1 : 25 000 (Type 1960), div. Blätter. Hrsg.: Institut Géographique National, Paris.

CARTE D'ALGÉRIE AU 50 000ᵉ (Type 1922), div. Blätter. Hrsg.: Institut Géographique National, Paris.

CARTE D'ALGÉRIE 1 : 200 000 (Type 1960), div. Blätter. Hrsg.: Institut Géographique National, Paris.

CARTE DE TUNISIE au 50 000ᵉ (Type 1922), div. Blätter. Hrsg.: Institut Géographique National, Paris.

CARTE DE TUNISIE 1 : 200 000, div. Blätter. Hrsg.: Institut Géographique National, Paris.

TUNISIE AU 500 000ᵉ, 2 Blätter. Hrsg.: Secrétariat d'Etat aux Travaux Publics et à l'Habitat. Service Topographique. Tunis.

Summary

Map 12 "Economic Geography" within Series N of the AFRIKA-KARTENWERK represents the non-agrarian economy of Tunisia and East Algeria. It includes the economic sectors of mining, manufacturing industries, crafts, fishing, energy and tourism. Due to differing source material in these two Maghreb states, it was not possible to relate all data to a common reference year. The Map contains data from 1968 to 1971 and was in its final draft in May 1971. Again for reasons of varying source material, different criteria had to be applied for the quantification of economic activities. While mining, manufacturing industries and crafts were assessed according to employment figures, fishing was assessed by the total number of landings, electricity by power plant capacity and tourism by bed capacity.

1   Review of Economic Development

The European colonisation of the 19th and 20th centuries has profoundly altered and determined the economy in the area covered by Map N 12. While the part of East Algeria shown in the Map was annexed between 1830 and about 1850, Tunisia was made a protectorate of the French colonial empire in 1881. The heritage left by the colonial rule which ended for Tunisia in 1956 and for Algeria in 1962 presents an ambivalent picture. Communications like railways, the dense road network, the harbours and airports can be considered a positive legacy. These infrastructural amenities were established chiefly for the needs of the colonial empire and to a lesser extent with a view to systematic land development, the result being that these amenities are of limited use to the present states. On the whole, however, the colonial infrastructure has given the Maghreb states a marked advantage over those regions south of the Sahara, which are mapped and described in the other series of the AFRIKA-KARTENWERK.

The whole economic structure was however less favourable at the end of the colonial period. Agriculture in the fifties produced as much as 30—35 % of the gross national product, but it had to provide at the same time the gradually deteriorating basis of subsistence for 60—70 % of the local population. Industrialisation did not really begin until after the Second World War and never progressed beyond initial achievements. The traditional crafts, which had provided the supply of goods for the population before the colonial era, were in Algeria almost entirely suppressed by competition from French industrial products while important sectors had survived in Tunisia. The mining developments since the turn of the 19th century and especially the oil and gas fields drilled since 1956 are a positive legacy. The great disadvantage, however, was that by far the largest share of the mining products were exported unprocessed.

Political independence was followed in both countries by a period of economic decolonisation which lasted about 10 years. This period is characterised by the exodus of the majority of the European and Jewish ethnic groups, by the creation of national currencies and customs areas, by the reduction of the French share in foreign trade as well as by large-scale nationalisation of the production means hitherto in foreign hands.

After overcoming the upheavals in the immediate wake of independence, both Maghreb states embarked on a resolute policy of development. Considerable differences exist however between Tunisia and Algeria as far as the aims and methods of these policies are concerned.

The Tunisian development plans, which began in 1962, provided for equal promotion of the individual economic sectors i. e. agriculture, mining, industry and tourism. Only during the period of office of BEN SALAH (1962—1969), the then minister of planning and economics, was a small primary industry forcibly developed. After the political and economic change of course of 1969—1970, the consumer goods industry was again given preference, especially export industries established by foreign investors. The consequences were large debts abroad and increased dependence on foreign industries. On the other hand, Tunisia can boast considerable economic growth and the creation of 164,000 jobs during the period from 1973—1976 alone.

From the very beginning of the post-colonial era, Algeria's development policy had pursued the line of state capitalism, private capital being limited to peripheral sectors in agriculture, domestic trade and consumer goods production. Among the individual economic sectors, mining and industry were given clear priority; they each received between 40 and 50 % of the investment totals contained in the successive long-term development plans. Agriculture, house building and tourism were comparatively neglected. The crude oil and natural gas industry was promoted because of its role as capital accumulator. As opposed to Tunisia, Algeria has consistently held to the principle of autocentric development. Industrialisation began at the bottom with the establishment of a few primary industries (petrochemistry, iron works, building material industry, fertiliser factories) using domestic raw materials. On this basis, investment goods industries are established with the aim of enabling the country to produce its own production means. An import-substituting consumer goods industry was established to meet only the most basic needs of the population. The immense investment sums could only be raised as a result of a rigorous austerity programme whereby more than 40 % of the gross national product is used for investments, and consumption is restricted accordingly. The negative sides of the Algerian model are its relatively minor effects on employment in the highly mechanised industries, its high capital intensity which leads to large debts abroad, and the hitherto extremely low efficiency of the more recent industries. The neglect of the other economic sectors has led to deficiencies in the infrastructure, house building and food supply. No final statements on the efficiency of the Algerian model can be made before 1985/1990.

2   The Economic Branches

Most of the mining locations marked on Map N 12 were already developed between 1890 and 1930. The extraction of minerals along with agricultural colonisation were the most important components of colonial economic policy. The building of branch terminal lines and export harbours was closely linked with mining development. During the colonial period mining locations remained enclaves of modern economic forms in the midst of underdeveloped conditions, with almost no functional contact to the surrounding areas. While the mining of iron ore and calcium phosphate is very labour-intensive with 800—2,800 miners concentrated in large mining settlements at most locations, the numerous lead and zinc mines usually only employ a few hundred miners.

The supply of energy in Algeria and Tunisia has changed radically over the past 25 years. The role of these countries as importers of energy changed to that of energy exporters after the discovery of natural gas and crude oil fields in the Sahara and in the vicinity of the Gulf of Gabès. Both Maghreb countries nowadays possess a viable basis of primary energy whereas high energy costs posed an objective obstacle to comprehensive industrialisation during the colonial period. The most important oil and gas deposits are located outwith the Map Section, but the harbours of Skikda and Skhira are terminals for crude oil and natural gas pipelines. The generation of electric power is today concentrated almost exclusively on the few large power stations in the study area. These are fuelled exclusively with oil or natural gas. The four hydro-electric power stations are of secondary importance. Diesel aggregates only supply remote oasis settlements. The electricity supply network today includes all parts of Algeria and Tunisia except the Sahara.

The food industry still occupies the most important position among the manufacturing industries of the study area. This industry was relatively well developed in colonial times as it either processed agricultural products for export (grain and oil mills, tinning factories) or supplied the urban population (breweries, tobacco manufacture). In the post-colonial era this branch was expanded and supplemented especially by sugar and beverage factories.

The textile, clothing and shoe industries, on the other hand, were largely developed in the post-colonial period for the purpose of substituting imports. The supply of raw materials to the textile industry is heavily dependent on imports. Batna and Constantine in Algeria, and Tunis and the Sahel of Sousse-Monastir have established themselves as the most important locations. Both Algeria and Tunisia can meet their peoples' basic needs in textiles and shoes themselves. Tunisia has built up a considerable export capacity over and above national requirements.

Because of the limited raw material basis the wood-processing industry is not particularly well developed. Some saw mills process the log timber of the Aleppo pine from the mountains which are still wooded but the wood industry has to rely for the most part on imports of saw-timber and chipwood. Being raw material orientated, cork-processing is located at the edge of the cork-oak forests of East Algeria and Northwest Tunisia. Forest reduction however has led to a decline in the cork harvest.

The setting up of a cellulose and paper mill at Kasserine in the middle of the humid steppes contributed to a development pole being established in the inland of Tunisia. This plant processes the total harvest of alfa grass (stipa tenacissima) in Tunisia and meets about 40 % of the country's paper demand.

The chemical industry in the range of Map N 12 consists, on the one hand, of a few large phosphate-processing and petrochemical[1] plants and, on the other hand, of a large number of small businesses of varying lines of production, the component parts for

---

[1]   The large petrochemical complex of Skikda has not yet been entered on Map N 12. In 1967 the Algerian government decided to build a petrochemical plant here in conjunction with a crude oil terminal and natural gas liquefaction plant. On the basis of the ethane (160,000 t/a) obtained during gas liquefaction, the elements ethylene, polyethylene and polyvinylchloride as well as ammonia are to be produced here. The plants are however to date (1979) not yet in operation.

which are mostly imported from abroad. The locations of phosphate processing are Annaba, Tunis, Sfax and recently Gabès. These works, built up for the most part in the post-colonial period, today process about half of Tunisia's phosphate production i. e. 3.5—4 mill. tons and Algeria's (0.8 mill. tons) into phosphate fertilisers and phosphoric acid.

The building materials industry in the Map Section consists of a fairly large number of brick works and the two older cement works in Bizerte and Tunis. Increased building in both Maghreb countries has resulted in local production of building materials being insufficient and deficiencies having to be met by imports.

The metallurgical industry in the scope of Map N 12 consists of only three works i. e. the Mégrine lead works near Tunis and the two integrated iron and steel works, El Fouladh near Menzel Bourguiba and El Hadjar near Annaba. The raw material basis of all three works are the ores extracted in the respective countries; for transport reasons these works were located on the coast. The works at Menzel Bourguiba were established at a former French military base in 1964—1965, mainly for regional development reasons. With a raw steel capacity of only 150,000 tons these works are very small by international standards and are fraught with problems of viability. The El Hadjar works near Annaba produced 400,000 tons of raw steel in the first development phase (1969—1973), the expansion to 2 mill. tons is expected to be completed by 1980. The products from the latter works are intended chiefly for the domestic market; the works consist of several rolling mills as well as a pipe rolling mill for the production of the large pipes necessary for transporting natural gas and crude oil. This plant is intended to play a key role as "industrie industrialisante" in Algeria's further economic development; through forward linkage effects it is designed to induce a broad spectrum of iron and metal working industries.

From the point of view of business structure, the machinery and equipment in the study area is characterised by a few large businesses coexisting with an abundance of small businesses which can often hardly be distinguished from crafts (foundries, steel-construction firms, factories for small iron and household goods). The most important locations are Annaba, Tunis and Menzel Bourguiba, where 8 metal-working plants were built on the site of the navy arsenal. Sousse was expanded to become another important location with a factory for small iron wares and a car-assembly plant. The town of Constantine was ear-marked by the Algerian government as a centre of the metal-working industry. An engine- and a tractor-building plant are in operation, a machine-tool and a compressor factory are being built. The largest town in East Algeria, which had only a small number of industries during the colonial era, is gaining a broader economic foundation with these factories.

The manufacturing crafts beyond local importance were recorded in Map N 12 because of their continuing great importance. They are however developed to different degrees in the two Maghreb countries. Because of the longer and more intensive economic interdependence with France, crafts except for some insignificant remaining examples have disappeared in Algeria. In Tunisia, on the other hand, crafts have been able to maintain their position in important branches. The current development is characterised by two opposing trends: while the manufacture of goods for daily use (weaving, slippers and cap-making, pottery), designed mainly for the lower social classes and the rural population, has been suffering incessant decline, arts and crafts, on the other hand (like carpet weaving, jewellery, commercial pottery), have been experiencing an unexpected boom due especially to tourism. Two types of location can be distinguished: firstly in the centres of the larger older towns, distributed according to branches in individual streets, the traditional Medina crafts are still being practised as they have been for centuries. Secondly there are rural communities which, having specialised in a certain craft, can be termed genuine weaving or pottery villages. These can be found particularly in the Sahel of Monastir and on the island of Djerba.

The fishing industry is of considerable economic significance, mainly on the east coast of Tunisia, because here the continental shelf is wide and rich in fish. With the expansion of the fishing harbours and modernisation of the fishing fleet, Tunisia has managed to increase the annual catch from 12,000 tons (around 1950) to 53,000 tons (1977). About 10,000 people earn their living from fishing.

The tourist industry of Tunisia belongs to the dynamic economic sectors of the post-colonial period. Tourism in Algeria, especially in the eastern section of Map N 12, has however remained insignificant. The reason for this is to be found mainly in Algeria's lack of interest in mass tourism; expansion of the hotel industry was only sluggish. Tunisia increased its bed capacity from about 4,000 beds (1962) to 37,200 (1970) and to 64,000 beds in 1977. On average there are about 8—9 million overnight stays per annum. Tourism created about 25,000 jobs directly in the hotel business and approximately the same number again in the associated businesses. The gross foreign currency revenue from tourism ranks second to the export of oil. Tourism has thus developed into a powerful economic factor within fifteen years. The four areas around Tunis, Hammamet — Nabeul, Sousse — Monastir and Djerba — Zarzis have become the main locations, which account for 89 % of all beds and 94 % of overnight stays by foreigners.

3   Basic Features of the Spatial Structure

The locations of the non-agrarian economy are most unevenly distributed over the land area of Map N 12. The capital city of Tunis alone accounts for about 40 % of employees recorded in the Tunisian Map Section. Tunis ranks as 'primate city' within Tunisia. Economic activities are otherwise concentrated very much on the litoral zone.

The inland has comparatively few industrial locations. Here only mining provides a larger proportion of non-agrarian jobs. The economic preponderance of the coastal zone in Tunisia can be traced back to pre-colonial spatial structures, but this position was further strengthened during the colonial period. In contrast to this, the pre-colonial urban centres of East Algeria were located inland, and here the coastal towns did not gain importance until the colonial period with its extraverted economic relations. In Tunisia a north—south gradient is superimposed on the peripheral-central development gradient. The post-colonial development policy has so far been unable to reduce the overimportance of the coastal zone; this has been further increased by the necessary location of primary industries on the coasts and by the development of the Tunisian tourist centres.

Résumé

La feuille N 12 «Géographie économique» de la série N de l'AFRIKA-KARTENWERK représente l'économie non-agricole de la Tunisie et de l'Algérie orientale. Elle englobe les secteurs économiques: industries extractives, industries de transformation, artisanat, pêche, économie de l'énergie et tourisme. En raison de la situation différente concernant les sources d'information dans les deux pays maghrebins, il n'a pas été possible d'utiliser une même année de référence; la carte qui représente des données des années 1968 à 1971 a été terminée en mai 1971 dans son ébauche finale. Compte tenu de cet état des sources d'information, les activités économiques ont dû être quantifiées avec des critères différents. Alors que les industries extractives, les industries de transformation et l'artisanat ont été classifiés suivant le nombre de salariés, l'évaluation de la pêche s'est effectuée d'après la quantité de poissons déchargée; l'évaluation de l'économie électrique quant à elle, a été faite d'après la capacité des centrales et la classification du tourisme s'est faite en se basant sur la capacité d'hébergement.

1 Aperçu du développement économique

La colonisation européenne du 19ᵉ et 20ᵉ siècle a imprégné l'économie dans la région représentée sur la feuille N 12, d'une manière durable. Tandis que la partie algérienne de la carte a été annexée entre 1830 et 1850 environ, la Tunisie devint en 1881, sous forme de protectorat, partie intégrante de l'empire colonial français. L'héritage de la domination coloniale, qui prit fin en Tunisie en 1956 et en Algérie en 1962, offre une image ambiguë. A l'actif du colonialisme on peut retenir un héritage positif tel que les installations de transport comme les chemins de fer, le réseau routier serré, des ports et des aéroports. Cette infrastructure de transport a été aménagée en premier lieu pour les besoins du pouvoir colonial et moins en vue d'un développement systématique du pays de telle sorte qu'elle présente au regard des états nationaux d'aujourd'hui bien des lacunes. Dans l'ensemble pourtant cet équipement infrastructurel met en relief les pays du Maghreb très positivement par rapport aux régions des autres séries de L'AFRIKA-KARTENWERK, au sud du Sahara.

A la fin de la période coloniale, la structure de l'économie offrait une image bien plus défavorable. L'agriculture a produit, dans les années 50, 30 à 35 % du produit social brut, mais elle a dû également servir de base vitale, de plus en plus insuffisante, pour 60 à 70 % de la population indigène. L'industrialisation n'a commencé essentiellement qu'après la deuxième guerre mondiale et n'a pas dépassé le stade initial. L'artisanat traditionnel, qui avait assuré avant la période coloniale l'approvisionnement de la population en biens économiques, a été presque entièrement paralysé en Algérie par la concurrence des produits industriels français, alors qu'en Tunisie, des branches partielles importantes ont survécu. Un héritage positif a été pourtant la mise en valeur du sous-sol depuis la fin du 19ᵉ siècle, en particulier des champs pétrolifères et de gaz naturel du Sahara où, à partir de 1956, des gisements importants ont été découverts; le préjudice était que la plus grande partie de la production minière était exportée à l'état non-travaillé.

La conquête de l'indépendance politique a été suivie dans les deux pays d'une période d'environ dix ans de décolonisation économique. Cette période est marquée par le départ de la majorité de la population européenne — et juive —, par la création d'une monnaie et de zones douanières propres, par la réduction de la quote-part française dans le commerce extérieur ainsi que par une large nationalisation des moyens de production qui se trouvaient aux mains des étrangers.

Les deux pays maghrebins, une fois surmonté le désordre lié à l'indépendance, ont entammé une politique de développement orientée vers un objectif précis. Quant aux buts et aux méthodes, il existe de grandes différences entre la Tunisie et l'Algérie.

Les plans tunisiens de développement, qui débutèrent en 1962, prévoyaient une promotion équilibrée des différents secteurs économiques — agriculture, industries extractives, autres industries et tourisme. La construction d'une petite industrie de base n'a été poussée qu'à l'époque de BEN SALAH (1962—1969), Ministre du plan et de l'économie. Après le changement de la politique économique en 1969/70, l'industrie des biens de consommation a été de nouveau renforcée, en particulier, les industries d'exportation créées par des investisseurs étrangers. Ceci a entraîné un fort endettement à l'étranger et une plus grande dépendance de l'étranger pour ces industries. D'une autre côté, la Tunisie peut faire valoir une croissance économique considérable et la création de 164 000 places de travail uniquement pour la période 1973—1976.

La politique algérienne de développement de l'époque postcoloniale a suivi, quant à elle, et cela dès le début, une voie d'un capitalisme d'état où le capital privé reste limité à des domaines marginaux de l'agriculture, du commerce intérieur et de la production des biens de consommation. Parmi les différents secteurs économiques, les industries extractives et autres industries ont bénéficié de la priorité absolue; à elles seules revenaient à chaque fois entre 40 et 50 % du montant des investissements des divers plans de plusieurs années. L'agriculture, la construction de logements et le tourisme par contre, ont été négligés. L'économie du pétrole et du gaz naturel a été encouragée parce qu'il lui revient le rôle de l'accumulation de capitaux. A la différence de la Tunisie, l'Algérie poursuit, d'une manière conséquente, le principe d'un développement auto-centré. L'industrialisation a commencé d'en bas avec la construction de quelques industries de base (pétrochimie, complexe sidérurgique, industrie des matériaux de construction, usine d'engrais artificiel) sur la base de matières premières propres. Sur cette base sont construites les industries des biens d'investissements qui devront, en fin de compte, mettre le pays en état de produire lui-même ses moyens de production. Une industrie de biens de consommation qui se substitue aux importations a été créée uniquement pour couvrir les besoins les plus élémentaires de la population. Les moyens énormes d'investissements n'ont pu être trouvés que par une politique rigoureuse d'austérité où plus de 40 % du produit social brut ont été utilisés pour les investissements et où la consommation a été limitée en conséquence. Les conséquences du modèle algérien sont ses effets relativement faibles sur l'emploi, dans les industries hautement mécanisées, la haute concentration de capitaux qui entraîne un fort endettement à l'étranger et l'efficacité très réduite, jusqu'à maintenant, des jeunes industries. La négligence des autres secteurs de l'économie a conduit à des goulots d'étranglement pour l'infrastructure, l'habitat et l'approvisionnement en alimentation. Il n'est pas possible de se prononcer définitivement avant 1985/1990 sur l'efficacité du modèle algérien.

2 Les branches de l'économie

Les emplacements miniers représentés sur la carte N 12 ont été mis en valeur, dans leur plus grande partie, entre 1890 et 1930. L'exploitation des ressources du sous-sol a constitué, à côté de la colonisation agraire, la composante la plus importante de la politique économique coloniale. La construction de voies de pénétration et l'agrandissement des ports d'exportation ont été étroitement associés à la mise en valeur minière. Les emplacements miniers étaient, pendant la période coloniale, des enclaves des systèmes économiques modernes au centre d'un milieu sous-développé et presque sans relations fonctionnelles avec l'environnement. Alors que l'industrie extractive des minerais de fer et du phosphate de calcium demande une très nombreuse main-d'œuvre et que dans la plupart des emplacements, 800 à 2800 mineurs sont concentrés dans de grandes cités minières, les nombreuses mines de plomb et de zinc, quant à elles, n'emploient en général que quelques centaines de travailleurs.

L'approvisionnement en énergie de l'Algérie et de la Tunisie a fondamentalement changé dans les 25 dernières années. Après la découverte des champs de gaz naturel et de pétrole dans le Sahara et aux alentours du Golfe de Gabès, des pays importateurs d'énergie sont devenus des exportateurs d'énergie. Les deux pays maghrébins disposent aujourd'hui d'une base en énergie primaire bon marché, alors que pendant la période coloniale, les coûts élevés de l'énergie ont constitué un obstacle matériel pour une vaste industrialisation. Les gisements les plus importants de gaz et de pétrole se trouvent en dehors de la feuille, cependant, les ports de Skikda et de La Skhira sont les terminaux d'oléo- et gazoducs. La production en électricité est concentrée aujourd'hui presque entièrement sur un petit nombre de grandes centrales thermiques de la zone d'étude. Elles fonctionnent exclusivement au pétrole ou au gaz naturel. Les quatre centrales hydrauliques sont d'une importance secondaire. Des groupes Diesel n'approvisionnent que des agglomérations éloignées des oasis. Le réseau d'alimentation électrique couvre aujourd'hui les parties de l'Algérie et de la Tunisie hors du Sahara.

Parmi les industries de transformation, de la zone d'étude, l'industrie alimentaire occupe encore aujourd'hui la position la plus importante. Elle était déjà pendant la période coloniale relativement bien développée puisque, soit qu'elle préparait les produits agricoles pour l'exportation (moulins à céréales ou à huile, usines de conserves), soit qu'elle servait pour l'alimentation de la population urbaine (brasseries, manufactures de tabac). Pendant la période postcoloniale, cette branche d'activité a été développée et complétée, avant tout, par des usines de sucre et de boissons.

L'industrie du textile, du vêtement et de la chaussure, par contre, est née, dans sa plus grande partie, pendant la période postcoloniale en vue d'une substitution des importations. L'approvisionnement de l'industrie textile en matière première est essentiellement dépendante des importations. En Algérie, Batna et Constantine et en Tunisie, la capitale Tunis et le Sahel de Sousse-Monastir se sont dégagés comme lieux d'implantation les plus importants. L'Algérie aussi bien que la Tunisie sont aujourd'hui en mesure de couvrir leurs besoins de base en textiles et en chaussures. La Tunisie a en outre développé des capacités appréciables pour l'exportation.

L'industrie du bois est seulement faiblement développée compte tenu de la base étroite en matière première. Quelques scieries travaillent le bois rond du pin d'Alep des régions des montagnes encore boisées, mais l'industrie de la transformation du bois dépend largement des importations de bois de sciage et de contre-plaqué. La transformation du liège est localisée, et est orientée sur la matière première, au bord des forêts de chênes-liège de l'Algérie de l'Est et de la Tunisie du Nord-Est. La dégradation des forêts a cependant provoqué une régression de la récolte de liège.

L'implantation d'une usine de cellulose et de papier à Kasserine, au centre de la steppe humide, a servi pour installer un pôle de développement dans l'intérieur de la Tunisie. Cette installation transforme la récolte tunisienne totale d'alfa (*stipa tenacissima*) et couvre environ 40 % des besoins en papier du pays.

L'industrie chimique dans la région de la feuille N 12 se compose, d'une part, d'un petit nombre de grandes installations de transformation de phosphate et de complexes pétrochimiques[1] et d'autre part, d'une quantité de petites exploitations de différentes orientations de productions qui importent encore leurs produits de base le plus souvent de l'étranger. Des lieux d'implantation pour la transformation du phosphate sont Annaba, Tunis, Sfax et récemment Gabès. Les usines créées surtout pendant la période postcoloniale transforment déjà aujourd'hui environ la moitié de la production tunisienne de phosphate d'un volume de 3,5 à 4 Mill. de to ainsi que celle de l'Algérie (0,8 Mill. de to) en engrais de phosphate et en acide phosphorique.

L'industrie de matériaux de construction de la feuille comprend un plus grand nombre de briquetteries ainsi que les deux cimenteries plus anciennes de Bizerte et de Tunis. L'intense activité du bâtiment dans les deux pays maghrebins a conduit à la situation que la production propre de ces pays en matériaux de construction est de loin insuffisante et que des goulots d'étranglement qui s'ensuivent ne peuvent être surmontés que par des importations.

L'industrie sidérurgique dans la région représentée sur la carte N 12 ne comprend que trois usines, à savoir, l'usine de plomb à Mégrine près de Tunis et les deux complexes intégrés de sidérurgie et d'aciérie à El Fouladh près de Menzel Bourguiba et à El Hadjar près d'Annaba. La base de matière première de ces trois usines est avant tout constituée par les minerais extraits dans le pays même et pour des raisons géographiques de transports, elles ont été installées sur la côte. L'usine sidérurgique près de Menzel Bourguiba a été, en premier lieu, construite pour des raisons de politique régionale 1964/65 dans une ancienne base militaire française. Avec une capacité d'acier brut de 150 000 to seulement, cette usine est, en comparaison sur le plan international, une très petite unité, ce qui pose également des problèmes de rentabilité. Le complexe sidérurgique d'El Hadjar près d'Annaba produit dans son stade initial d'aménagement (1969/73) 400 000 to d'acier brut; la production devrait atteindre 2 Mill. de to en 1980. Ses produits

---

[1]   Le grand complexe pétrochimique de Skikda n'est pas encore représenté sur la carte N 12. En 1967 le gouvernement algérien a décidé de construire ici une usine pétrochimique en relation avec un terminal pétrolier et une usine de liquéfaction de gaz naturel. Ce complexe doit produire sur la base de l'éthane produit lors de la liquéfaction du gaz (160 000 to/an) les matières de base éthylène, polyéthylène et polyvinylchlorid ainsi que de l'ammoniac. Les installations ne sont pas encore aujourd'hui (1979) prêtes à fonctionner.

sont destinés en premier lieu au marché intérieur; le complexe comprend plusieurs laminoirs ainsi qu'une unité de fabrication de tubes dont la production en gros tuyaux est destinée au transport du gaz naturel et du pétrole. Une fonction clé revient à ce complexe en tant qu'«industrie industrialisante» pour le futur développement économique de l'Algérie; par un effet d'association en aval, il doit induire un large éventail d'industries de transformation du fer et du métal.

L'industrie de transformation des métaux dans la zone d'étude est caractériséé, dans sa structure d'exploitation, par une coexistence de quelques grandes usines et d'un grand nombre de petites unités qu'on peut le plus souvent à peine distinguer de l'artisanat (fonderies, des entreprises de construction métallique, des usines de quincaillerie et d'articles ménagers). Les emplacements les plus importants sont Annaba, Tunis et Menzel Bourguiba où, sur le terrain de l'arsenal maritime, 8 usines de transformation de métaux ont été installées. Un autre important emplacement a été aménagé à Sousse où on trouve une usine de quincaillerie et une unité de montage d'automobiles. Le gouvernement algérien a choisi Constantine comme centre d'industrie de transformation de métaux: une usine de moteurs et une de tracteurs sont en fonctionnement; une usine de machines-outils et une usine de compresseurs sont en construction. La plus grande ville de l'Est algérien qui, pendant la période coloniale, ne disposait que de peu d'industrie, se voit dotée avec ces unités d'un fondement économique plus large.

L'artisanat de production, dont l'importance dépasse les limites locales, a été englobé dans la carte N 12 en raison de sa valeur toujours grande. Mais dans les deux pays du Maghreb cet artisanat s'est développé d'une manière très différente. Alors qu'en Algérie il a disparu, excepté quelques restes insignifiants, à la suite d'une plus longue et intensive imbrication économique avec la France, il a pu se maintenir en Tunisie dans des branches importantes. Le développement actuel est caractérisé ici par deux tendances antagonistes: alors que l'artisanat de biens de consommation, (tissage, artisans de pantoufles (babouches) et de calottes, poteries d'usage) qui est produit avant tout pour les couches sociales modestes et pour la population rurale, se trouve dans une décadence qu'on ne peut arrêter, l'artisanat d'art (fabrication de tapis, bijouterie, poterie d'art) quant à lui, a connu ces dernières années un essor imprévu, en particulier sous l'impulsion du tourisme. On peut distinguer deux types d'emplacements: dans les centres des plus grandes villes anciennes, l'artisanat traditionnel de Medina y a son siège où l'on produit depuis des siècles et où l'activité est groupée dans quelques ruelles selon la branche de métier. A côté de cela, on trouve des agglomérations rurales qui se sont spécialisées dans un artisanat spécifique de sorte que l'on peut parler de véritables villages de tissage et de poterie. On les rencontre en particulier dans le Sahel de Monastir et dans l'île de Djerba.

La pêche a une importance considérable, particulièrement sur la côte orientale de la Tunisie car là, existent des larges hauts-fonds riches en poissons. L'aménagement des ports de pêche et la modernisation de la flotte ont permis à la Tunisie de porter les quantités annuelles de poissons de 12 000 to (vers 1950) à 53 700 to (1977). Environ 10 000 personnes tirent leur existence de la pêche.

L'industrie du tourisme de la Tunisie compte parmi les branches économiques les plus dynamiques. Par contre, le tourisme en Algérie est resté insignifiant — et particulièrement dans la partie de la carte N 12 qui couvre l'Est algérien. La cause en est avant tout dans le manque d'intérêt du gouvernement algérien pour un tourisme de masse; l'aménagement de l'hôtellerie n'a été mené que très lentement. La Tunisie a porté sa capacité d'hébergement d'environ 4 000 lits (1962) à 37 200 (1970) pour atteindre 64 000 lits en 1977. Dans la moyenne annuelle on compte environ 8 à 9 Mill. de nuitées. Le tourisme a créé environ 25 000 places de travail directement dans l'hôtellerie et à peu près encore une fois un nombre égal de places dans les activités économiques en aval. Le revenu brut en devises du tourisme occupe la deuxième place après l'exportation du pétrole. C'est ainsi que, dans l'intervalle de 15 ans, cette activité est devenue un facteur économique important. Comme emplacements, ce sont surtout les 4 régions Tunis, Hammamet-Nabeul, Sousse-Monastir et Djerba-Zarzis qui se sont développées et qui totalisent à elles seules 89 % du nombre de lits et 94 % des nuitées des étrangers.

3   Traits fondamentaux de la structure spatiale

Les emplacements de l'économie non-agricole se répartissent d'une façon très inégale sur la superficie du pays représentée sur la carte N 12. Environ 40 % des effectifs recensés sur la partie tunisienne de la feuille reviennent à la capitale Tunis. La ville occupe en Tunisie la position d'une «primate city». En outre, les activités économiques se concentrent très fortement sur la zone côtière. L'intérieur du pays ne possède que relativement peu de lieux d'implantation industrielle et où l'industrie extractive seulement offre un plus grand nombre de places de travail non-agricole. La prédominance de la zone côtière remonte en Tunisie aux structures spatiales précoloniales, mais elle a été encore renforcée pendant la période coloniale. Par contre, les centres urbains précoloniaux de l'Algérie orientale étaient situés dans l'intérieur du pays; seule la période coloniale avec ses relations économiques tournées vers l'extérieur a entraîné une revalorisation des villes côtières. La disparité du développement entre le centre et la périphérie est en plus superposée en Tunisie par une différence entre le Nord et le Sud. La politique de développement postcoloniale n'a pas pu jusqu'à maintenant réduire la prédominance de la zone côtière; elle a été au contraire renforcée par l'installation des industries de base — par nécessité sur la côte — et par la formation des centres touristiques tunisiens.